業界トップをつかむ普遍の戦略

高岡伸夫
TAKAOKA NOBUO

幻冬舎MC

はじめに

２０２３年夏――。

私の会社が東京で開催した展示会「ＴＧＥＦ２０２３」に足を運んだ人はきっと驚いたはずです。ガーデニングやエクステリアの展示会であるにもかかわらず、ＶＲやメタバースといったＩＴの最先端技術を駆使したＤＸコンテンツがところ狭しと並んでいたからです。

この展示会は、メインテーマを「家と庭の心地よい豊かな暮らし／人が集まる魅力溢れる街並み」、サブテーマを「更なるＤＸとＧＸ」と掲げました。来場者は、ガーデンエクステリア関連の製品を庭に置いた完成イメージを、バーチャル空間で体験することができます。またモデルルームを一棟まるごとバーチャル空間に仕立て、オンライン打ち合わせをしながら組立のプランニングができるＤＸコンテンツなど、革新的アイデアをいくつも披露しました。来場者たちは皆目を丸くして興味津々な様子で、２日間にわたる展示会は盛況のなか幕を閉じたのです。

ガーデンエクステリア関連製品の製造から販売、輸出入までグローバルに展開する私の会社は、1980年8月21日、東京や大阪といった大都市とは遠く離れた和歌山県海南市で産声を上げました。私自身はもともと造園や垣根の結束などに使用される、天然の棕櫚《しゅろ》縄や竹垣の販売を手掛けていた父を手伝っていました。しかしニーズ自体は限られ、いずれは先細りしていくだろうという危機感が日増しに強くなり、目をつけたのがガーデニング事業だったのです。

ガーデニング事業を選んだ理由は、当時の衣食住のなかで「住」に関連するビジネスが今後伸びてくるだろうという直感があったことに尽きます。「衣」のファッション業界は絶えず流行をつくりニーズを創出しています。「食」に関しては1970年代、80年代にかけて都市部でファミリーレストランが続々と増え、目を見張るスピードで外食ビジネスが成長していました。

しかし当時の「住」はというと、プレハブの住宅ばかりが増えていました。戦後復興の道を突き進み人口も急増していた高度経済成長期には、とにかく人が住めるだけの「箱」を増やすことが求められ、「庭」がある住宅はほとんどなかったのです。しかし、70年代後半になると「箱」をつくっていたプレハブメーカーが住宅メーカーへと姿を変え、「庭」とともにライフスタイルという新しい概念を提案するようになりました。

私自身、創業当初からなけなしの金をはたいて海外の市場研究見学会にも可能な限り足を運び、アメリカの展示会ではＤＩＹ市場の拡大ぶりを目の当たりにしていました。それに大きく後れを取りながらも、日本の展示会でもようやく家と庭をコンセプトにした商品が見られるようになったのです。

これからは「家と庭がセットになった住まい」の需要が高まっていくと確信した私は、「庭づくり」に商機を見いだしました。さらに今ほど注目されていなかった日本古来の庭園文化も、今後は海外から高く評価され、マーケットは国内外で広がるはずだという思惑もありました。

父から独立する形で立ち上げた会社は、当初の社員が私の妻も含めたった４人しかおらず、資金もないところからのスタートでした。もちろん不安もありましたが、それよりも未開のガーデンエクステリア業界へ進出することへの高揚感が大きかったことを覚えています。

そして創業から18年後にガーデンエクステリア業界では唯一となるジャスダックへの上場を果たし、現在は海外に17の拠点を構えグローバルに事業を展開しています。振り返ってみれば、ここまでの道のりは決して平坦《へいたん》ではありません。いつかは唯一無二の製品を生み出し、地方から世界に進出する——。創業時に掲げたその目標を、今日まで忘れることなく挑戦を続けてきたからこそ、ここまでたどり着くことができました。

本書では、私の会社の挑戦の軌跡をまとめています。地方企業が飛躍するヒントが詰まったこの一冊が、一人でも多くの読者の背中を押すことにつながれば、これ以上望むことはありません。

業界トップをつかむ　普遍の戦略　目次

［第1章］〈戦略1：事業拡大〉地の利を徹底的に活かす

［序　章］

たった一代で、ガーデンエクステリア業界トップの地位をいかにして築いたのか

地場産業を営む個人商店の跡取り息子

会社を設立して、あっという間に40年以上もの月日が経ちました。

2022年1月期の売上は207億8100万円で、過去最高を記録しました。会社の成長の裏には、トップである経営者の思いや哲学、戦略戦術があります。今、これまでの道のりを振り返って感じるのは、会社の誕生から成長、そして成熟という過程のなかには、他社の経営にも重要なヒントとなるであろう普遍的なエッセンスがたくさん散りばめられているということです。

私の生まれ故郷、和歌山県海南市は古くから家庭用品の産地として知られており、起源をたどると弘法大師空海に行き着きます。和歌山には空海が開祖である真言密教の聖地、高野山があり、蓮華を囲む八葉のような八つの峰々に囲まれた聖山へと連なる高野街道沿いに棕櫚《しゅろ》の木が植わっています。棕櫚はヤシ科の常緑高木で、円柱状の幹が高さ5メートルから10メートルにも成長する樹木です。1200年前、この棕櫚を最初に植えたのが空海であり、当時の中国（唐）の西安で修業後に日本に持ち帰ったとされています。棕櫚から天然の繊維が採れることは古くから知られ、繊維が強靭で腐りづらいため、縄やたわし、ほうきなどが作られるようになりました。それが海南市が家庭用品で知られる産地となったきっかけということです。

私が生まれた1953年には、海南市ではいくつもの家が家業として棕櫚を加工した家庭用品を作り、私の実家である高岡正一商店も棕櫚縄の製造販売をしていました。高岡家はもともと農家でしたが、父が農作業のかたわら副業として始めたのが高岡正一商店でした。姉が2人、男は私だけという家庭環境で、私は高岡家の跡取りとして大事に育てられました。母によると、やんちゃでいたずら好きな子どもだったそうです。

うたかたの夢、芸能界

地元の巽中学校に進んだ私は2年生で生徒会長に立候補しました。当時の流行歌の一節を選挙演説に取り入れるなど自分なりに工夫したアピールの結果、無事に生徒会長になることができました。そして体育祭や文化祭といった学校行事を取り仕切り、組織のトップとはどのような立場なのかを実際に経験してやりがいを感じたことが、社長を目指した最初のきっかけになったのだと思います。

中学のとき、運命的な出会いがありました。ある日、私が生徒会長として同じ市内の海南市立第一中学校に行き、そこの生徒会長と会うことになりました。指定された教室に入ると男子生徒が私を待っていました。目が合うと、ばちっと電流が走ったような不思議な感覚があり、言葉を交わすうちに波長が合い、互いの存在が強く印象付けられました。

その生徒こそのちに政治家となり、衆議院議員、そして総務大臣を務めた石田真敏氏でした。中学卒業後、私と石田氏はともに進学校である海南高校に進んで同じクラスとなり、より親交を深めました。そして石田氏は政界の、私は経済界の重鎮となることを目指し、互いに切磋琢磨し合う日々を過ごしたのです。

しかし経営者になりたいという漠然とした夢を抱きながらも、高校入学後は音楽漬けの青春時代を謳歌しました。高校1年の3学期に入った頃から、テレビやラジオでしきりにフォークソングが流れるようになりました。柔らかな旋律と、思いのたけを詰め込んだ歌声に、すっかり魅了されました。それまで勉強は好きで成績も悪くないほうでしたが、フォークソングにのめり込み、そのほかのことへの関心が薄れてしまいました。自分もフォークソングを歌いたいという思いが、日に日に強くなるばかりでした。

やがて、大阪経済大学経営学部に進学し、そこでもやはり経営の勉強に力を入れたわけではありません。卒業生には野村アセットマネジメント元社長の井阪健一氏や、ジャパネットたかた創業者の高田　明氏、積水化学工業元社長の廣田　馨《かおる》氏などそうそうたるメンバーがおり、経営を学ぶにはうってつけの環境だったのですが、私は入学後すぐに「水色の翼」というフォークバンドを結成し、作詞作曲やサイドボーカルを担当し、活動に力を注ぎました。

テレビで華々しく活躍する芸能人に憧れ、プロデビューを目指して芸能プロダクションのオーディションを受けたこともあります。その結果、合格を勝ち取って大阪の事務所に所属し芸能界の入り口に立ちました。ミュージシャンとしてデビューするのが理想でしたが、とにかくテレビに出るきっかけをつかもうと、落語家の桂　音也さんに弟子入りしたこともあります。音也師匠はもともと朝日放送アナウンサーだった変わり種で、アクタープロのアナウンサー部門の講師も務めていました。私はそこで半年、発声練習などをやりながら、弟子として師匠の高座も手伝いました。和歌山放送でディスクジョッキーをやったのもこの頃です。

音楽活動では読売テレビの『全日本歌謡選手権』という番組に出演しました。アマチュアでも参加できるオーディション番組で、ヒット曲に恵まれない歌手の登竜門として知られ、五木ひろしさんや八代亜紀さんも輩出した、影響力の大きな番組でした。

まずは予選を通過し、本選出場権を勝ち取る必要があります。その後の本選ではプロアマ問わず歌合戦を10戦勝ち抜けば大手レコード会社と契約しメジャーデビューできる仕組みでした。まさにいばらの道でした。予選から本選へと進み、勝ち抜くのは2万人に1人というほどの狭き門で、デビューまでこぎつけるのはごくわずかな人だけでした。

「水色の翼」は結局、全日本歌謡選手権の本選に2回出場し、いずれも4週目まで勝ち抜きましたが、そこまででした。二度目の落選の際、審査員を務めていた淡谷のり子さんから、あなたたちは基礎ができていない、と指摘を受けたことが忘れられません。淡谷さんの言葉は私に現実の厳しさを教えてくれました。

自分たちは芸能人になりたいだけだった、人生を賭して音楽を極める覚悟も修練も足りなかった、と思い知らされました。

こうして私の芸能界デビューは夢と消えました。しかしこのとき、基礎の大切さを痛感したことがのちの経営者人生にも活かされています。

建築金物商社に就職し、基礎を築く

やりたいこともなくなった私は大学にも行かずアルバイトばかりしていました。事故に遭って免許が取れなかった父の運転手として、定期的に得意先回りを手伝うこともありましたが、家業を継ぐと決心するまでには至っていませんでした。

当時、私はすでに現在の妻と婚約しており、幸せな家庭を築くためにも、きちんとした仕事を見つける必要がありました。

就職先を探していたところ、思わぬ幸運が巡ってきました。芸能事務所でアナウンサーの修業をしていたことが縁となり、卒業直前にテレビ和歌山のアナウンサー部への就職の話が舞いこんだのです。内定の一報をもらったときには、その後の人生がバラ色に思えました。さっそく妻に電話してアナウンサーの卵になったと伝えたのを覚えています。

しかし冷静になって考えてみると、心に迷いが生じました。当時のテレビ和歌山は第三セクターの会社として開局してまだ3年ほどしか経っていなかったせいもあってか、給料は大手放送局とはかけ離れて安いものでした。その額はプロダクションでアナウンサーの勉強をし、華々しい夢を追いかけていた私の想像とは大きく異なっていたのです。そうして迷いが大きくなるほど、頭の中では父の言葉が存在感を増してきました。

――商売は、ええぞ。

父は常日頃から私にささやき、商売や経営の面白さを繰り返し伝えてくれました。もともと経営にも興味関心はありましたから、私の心は揺れました。

悩みに悩んだ結果、私はテレビ和歌山の内定を断ることにしました。内定までには大学からの推薦をもらったり、関係者のコネクションを使ったりと、多くの人が動いてくれていましたから、とても申し訳なく思い、私はせめてものけじめとしてテレビ和歌山に内定辞退を直接伝えに行くことにしました。一人ではやや心細かったので、海南高校の同期でバンド仲間でもあった、岡室宏之に付き添いを頼みました。彼は大学での成績も優秀で、学校推薦により紀陽銀行に内定していました。そんなしっかり者に同行してもらい、恐る恐る内定取り消しを願い出た私に、担当者は一言「そうですか」と述べただけで特にお咎めもなく、いささか拍子抜けしました。

こうして内定から2週間で再び私は就職先を探すことになりました。再リサーチにあたって自分に一つの基準ができました。父の仕事を継ぐことになったとき役立つような経験ができるところかどうか、です。大学での成績は芳しくなかったので、誰もが知るような大企業は高嶺の花だし、仮に入社できても、あまりに組織が大き過ぎれば歯車の一つとして扱われ経営を学べないとも感じていました。かといってあまりに小さ過ぎれば給料が低く生活が苦しくなりかねません。

検討の結果、応募したのは大阪に本社を置く建築金物の専門商社でした。年商は200億円ほどで、海外展開も手掛け、とてもしっかりと商売をしている印象を受けたのが決め手でした。

無事に面接を通過し、晴れて社会人となりましたが、入社後わずか1カ月で東京支店への転勤を命じられたときには思わず耳を疑いました。尼崎市の保育園で働く妻とともに暮らすべく大阪に本社がある会社を選んだのに、それはないだろうと腹が立ちました。

しかし、この東京転勤がのちの人生にとって大きな財産となることなど、そのときは想像もしていませんでした。

新たなマーケットの可能性

東京では特需課に配属されました。仕事内容はその名のとおり特殊な金物を提供することで、ハウスメーカーの研究所や金属メーカーなどが得意先でした。

入社してしばらくはあまり仕事に身が入らず、失敗の連続でした。営業を担当していたのですが、見積もりの数字が一桁違ったり、漢字を書き間違えたりしてしょっちゅう怒られていました。また、製作する金物の図面を描く作業もあったのですが、これもシンガーソングライターとして譜面を書いていた学生時代のようにはうまくいきませんでした。

1年半ほどそんな集中力を欠く時期が続き、営業成績も伸びずスランプに陥った私は、上司に辞意を伝えました。そのときに上司が諭してくれた言葉を今でも覚えています。

会社を辞めるときにはいいイメージで辞めないといけない、悪いイメージのまま逃げるように辞めると、自分のなかで一生尾を引く、人から止められるような状況で辞めるならいいけれど、誰も引き止めないようなら心の傷となるという忠告でした。

私は素直に従い、会社にとってある程度有用な存在になってから辞めようと決めて、そこからの1年、必死で努力しました。

前向きに仕事に取り組むようになると今まで見えなかった周囲の状況が少しずつ見えてきました。営業で回っていたハウスメーカーではユニット住宅の開発が進んでおり、工場生産されたパネルで家を組み立てる技術により、生産効率が飛躍的に上昇しつつありました。資材の大量仕入れでコストを抑え、施工する職人の作業の効率化を進めていく、とにかく生産性を重視する経営姿勢には大いに学ぶところがありました。それは、地方で行われていた大工による昔ながらの家づくりとはすべての面で一線を画すスタイルでした。ハウスメーカーと接して、日本の家づくりが大きな転換期にあると感じた私は、これから住宅関連産業が大きなマーケットに成長していくのかもしれないと予感を抱いたのです。

本気で仕事と向き合って努力したことで営業成績は回復しました。苦手だった図面を描く作業も経験を積むことで少しずつ慣れていき、ものづくりの基礎を覚えるきっかけになりました。私はこれならきっと気持ちよく会社を去れるだろうと考え、課長に辞表を持っていくと、逆に引き止められました。そこで会社を辞めたあとどうするつもりなのかと聞かれたので、和歌山の実家に帰って商売をすることを告げると、課長は聞き捨てならない失言を漏らしました。引き止めようとするあまりの発言だったとは思いますが、うちの家業を指して、たかだか個人商店だろう……とつぶやいたのです。不用意なこの一言が、私の反骨精神に火をつけました。

いつか必ず見返してやる。私は心にそう誓い、東京をあとにしたのでした。

父の器でやっている限りは、何も変わらない

帰郷してからは本腰を入れて父の仕事を手伝い始めました。ほぼ唯一の商材であった棕櫚縄をトラックに積み、1日20件も飛び込み営業をし、売上に貢献しました。ただ、そもそも棕櫚縄は作れる量に限りがあり、利益もたかが知れています。いくら商売を大きくしようとしても棕櫚縄だけでは限度がありました。

父は酒もギャンブルもやらず、子どもを育て上げるためだけに商売をしているようなまじめな性格でしたから、商売を広げるようなことは頭になく、家族を守ることができればそれでいいという考えの人でした。しかし私は、せっかく商売をやるなら自分にしかでき

ないことをやり、大きく広げたいと思っていました。

　こうした根本的な姿勢の違いから、父とは次第に意見がぶつかるようになりました。父からすると20代半ばであっても私はまだまだ子どもであり、これはだめだとか、それで大丈夫なのかなどと注意をしてきます。それが時にはうるさく思え、親子で商売をする難しさを感じました。

　毎日懸命に棕櫚縄を売り歩いているなかで、私は次第にむなしさを覚えるようになりました。いくら売っても、この先の明るい未来が描けない気がして、この仕事に自分なりの意義をいつまで経っても見いだせずにいたのです。なにより悲しかったのは、人に必要とされないことでした。飛び込み営業に出れば、9割はいらないとあしらわれます。相手に望まれない仕事をやるのがこれほどつらいとは思いませんでした。仕事とは、人に必要とされ、役に立って初めて充実感を得られると身に染みて分かりました。

　失意の日々を1年ほど過ごし、ついに我慢の限界がきました。これ以上、父のやり方に従って生きていくのは難しい状態でした。このままではいけない、何か行動しなければ未来は変えられないと腹を決めたのです。

そこで、東京で開かれたコンサルティング会社主催の経営研究会に参加し、経営の基礎を学びました。本気で取り組むからには基礎を徹底的に身につけるべきだというのは、かつてミュージシャンへの道を諦めるきっかけになった淡谷のり子さんの言葉で身に染みています。経営者としての土台をつくりに行った研究会で私は、父の器でやっている限りは、何も変わらないと指摘を受けました。まさに目からうろこが落ち、心に火が付きました。

私はこの言葉をきっかけに、自立して新たな会社を起こそう、他人がやらない、やれないことに自分の力でゼロから挑戦してみよう……そう決心しました。

私は東京から戻るとすぐに会社設立に向けて動きだしました。

会社をつくるには当然、それなりの資金がいります。私にはそんな貯金はなく、また何の実績もない26歳の若者を信用してお金を用立ててくれるところもありません。いくら考えても、父に頼る以外の選択肢がありませんでした。父に懇願して会社の看板を借り、その信用で350万円の資本金を手にし、なんとか商売をするための下地を整えました。

続いて考えたのが、会社名です。実は東京で、当時流行し始めていたファミリーレストランの社名を見かけて以来、その響きが頭に残り続けていました。覚えやすく、語呂がよく、新鮮な印象に感心し、自分がいつか会社をつくるならこんな社名がいいだろうと考えていました。そこで思いついたのが高岡正一商店を縮めた、タカショーです。

1980年8月21日、暑い夏の日にタカショーは産声を上げました。

たった4人での船出

社長には私でなく父が就任しました。その大きな理由は銀行との取引で信頼が必要だったからです。地方で事業を興すなら特に地元銀行とのつながりは欠かせないものといえ、例えば手形を切るにも銀行からの信用がなければ叶いません。父が地元で商売を立ち上げ、三和銀行と紀陽銀行の二行と早くから取引して築いた信頼は、その時点での私にはどうあっても得られないものであり、だからこそ父に社長の座についてもらったのでした。

創業の際には強力な助っ人が来てくれました。高校からの同級生である元バンド仲間の岡室宏之が勤めていた銀行を辞め、人生を賭して新会社に参加してくれたのです。

こうしてタカショーは父と私、妻、そして岡室のたった4人でスタートしました。父には従来の顧客を中心に回ってもらい、実質的には3人で新事業を手掛けることになりました。

最初は順風満帆とはいきませんでした。新たな事業の核が何かすらも見えていない状態で走りだしたのですから当然です。設立当初は、たった1台の電話のベルがまったく鳴らず、壊れているのかと疑ったほどでした。妻が電話の横で居眠りをしていた姿を今も思い出します。もちろん私はただ電話とにらめっこをしていたわけではありません。日用品や園芸用品の展示会に積極的に出展していきました。

起業前から私は棕櫚縄以外の商材を探し、当時の取引先からの相談をきっかけに、黒竹の取り扱いを始めていました。黒竹は、料亭などに設置する高品質な竹垣の材料として知られています。黒竹と棕櫚縄を組み合わせて作った天然竹垣をタカショーの新商品として、展示会に出品したのです。

展示会の多くは東京で開かれます。私たちが参加することにしたのも、東京・晴海の東京国際見本市会場（現在の東京国際展示場）での展示会でした。展示会に竹垣を運ぶためには車が必要なのに、創業当時は車を買うお金もありません。たまたま岡室の実家のみかん農家にあった750キロ積載の古いトラックを借りて使うことになりました。

　午前5時に和歌山を出発したものの、道中でトラックの冷却水警告灯が点灯するハプニングに見舞われました。古い車でどうやらラジエーターのタンクに穴が開いていたようで、仕方がなく水を入れた一升瓶を積み込み、警告灯がつくたびに補給して走っていきました。冷や水を浴びせられるような出来事でしたが、気を奮い立たせ会場へと向かいました。

　晴海に着き、車を停め会場に入ったときには驚きました。私は東京にいた頃ハウスメーカーが開催する展示会に足を運んだことがあり、どのブースもきれいでおしゃれだったので、てっきり展示会は全部そういうものと思い込んでいたのです。

　しかし、私たちが参加した展示会はきれいなブースが用意されているどころかセメントむき出しの床が目の前に広がっているだけでした。カーペットもなく、電源すらありません。いったいここで何をすればよいのかとしばらく途方に暮れてから、気を取り直して近くの出展者にやり方を聞き、まずは電源から手配しました。次に展示ブースとしてなんとか格好をつけようと取り組んだのが近隣にあった材料屋で砂利を買ってきて床に敷き詰めることです。竹垣を並べて、和の雰囲気を演出しました。

展示会が始まると、即席の展示ブースにはすぐに黒山の人だかりができました。普段あまり目にすることのない白竹や黒竹の竹垣が珍しく、目を引いたのです。人々は竹垣のフェンスや枝折戸《しおりど》を食い入るように見ています。

なぜこれほどの反応を得られたのかというと、竹垣を専門的な建築資材ではなく庭や園芸、DIY用の資材として扱おうとしていたところがほかになかったからだと思います。その頃はまだガーデンエクステリアという業態はほぼ存在せず、物珍しかったのです。私は確かな手ごたえを感じました。

創成期のホームセンターに着目

展示会では極めて好評だった竹垣の売り先をどこに定めるか、新たに攻めるべき市場を探すため私が活用したのは各業界の情報が集積されている業界紙でした。職業別電話帳の業界紙の欄をチェックし、さまざまな業種についてリサーチして今後成長していきそうな市場を予測しました。

なかでもホームセンターの情報を扱っていた家具新聞をよく読みました。当時ホームセンターは創成期で、専門の業界紙もありませんでした。さっそく家具新聞に広告を出したい旨を伝えて見本誌の発送を依頼する連絡を入れ、送られてきた紙面でホームセンターの新規出店のニュースや業界のレポートをチェックしました。

この頃にはすでに衣食の流通革命が起き、ダイエーをはじめとした大型スーパーが全国各地を席巻し、海南市でもどんどん売上を伸ばす家庭用品関連の会社が出ていました。

次に何が起きるか考えた私がたどり着いたのが、「住の流通革命」という結論でした。東京で過ごし、ハウスメーカーを相手に営業活動をしていた経験が活きたのです。ハウスメーカーはすでにプレハブ住宅を主流商品に据え、大量生産によるコストダウンを実現しつつあり、流通革命が起きる気配がありました。住宅が工業化していけば、売値は下がる一方で、どうしても職人の手が必要になるような部分はその価値が高まります。

すると、例えば庭仕事でもいちいち職人に頼んでやってもらうようなことが難しくなります。手間賃がこんなに高いなら自分でやればいいと考える人が増えるのは十分想像できました。そのニーズに当てはまる存在こそホームセンターであり、これから必ず伸びていくだろうと考えたのです。

飛ぶように売れた、天然竹垣

私はすぐホームセンターへのアプローチを始めました。現在の巨大なホームセンターチェーンもまだできて間もない時代で、各社とも数店舗しかありませんでした。当時最大手の会社でさえも草創期で売上も店舗も少なく、むしろ店に置く商品を探しているような状況でした。おかげで私の会社のようなベンチャー企業が直接本部に営業に行っても取引口座が作れるほどで、ビジネス創業の絶好のタイミングに恵まれました。

売るものは棕櫚縄と竹垣だけしかありませんでしたが、それでもホームセンターは対応してくれました。当時のホームセンターもまた、取り扱う商材が足りずに苦労していたのです。最初の顧客となり、棕櫚縄と竹垣を取り扱ってくれたのは、のちに日本最大の店舗数のコメリに吸収された三重県最大手のミスタージョンという会社でした。

三重県を車で営業に回っているとき、いよいよ行くあてがなくなり車を停めて休憩していると、ボウリング場が目に入りました。その駐車場で男性がスコップで穴を掘って木を植えようとしていました。木を育てる際に使う支柱の固定などには、棕櫚縄が便利です。

もしかしたら棕櫚縄が売れるのではと私は男性に話し掛けました。

男性は私の顔をまじまじと見てからボウリング場を指さし、ついてくるように告げると歩き始めました。歩いている途中で、ようやく私はそこがボウリング場ではなくホームセンターであることに気づきました。ブームが去って潰れた施設の建物をホームセンターに替えて営業していたのです。売っているものは日用品ばかりで正直スーパーとあまり代わり映えしませんでした。園芸用品は細々としか扱っておらず、売り場を見落としそうになりました。その小さな売り場を指して、男性は、とにかく何か売るものが欲しいと相談を持ち掛けてきました。

それが、ホームセンター「ミスタージョン」の創業メンバーとの出会いでした。私がさっそく、車に積んであった竹垣を見せると気に入ってくれた様子で、すぐに持ってきてほしいとあっさり商談がまとまりました。

結果的に、竹垣や枝折戸は飛ぶように売れました。ほかに営業をかけたホームセンターでも同様で、売上は伸びていきました。確かに商品の質に自信はありましたが、これほど順調に売れるとは想像しておらず驚きました。しかし、好事魔多しとはよくいったもので、ようやく飛躍のきっかけをつかんだと思った矢先に問題が起きます。

ある日、ホームセンターのスタッフから枝折戸に関する厳しいクレームを受けた話が耳に入ってきました。いったい何があったか詳しく聞くと、乾燥した部屋に置いていると枝折戸の竹がパンパン割れると詰め寄られたというのです。

自然素材である以上、環境の変化に弱いのはある程度仕方のないことです。しかしだからといって放置してしまえば、きっと取引はなくなってしまいます。私はすぐにとって返し、家庭用のポリ袋を作っているメーカーへ行き、竹垣に合う大きさの袋を製作してもらいました。それで商品を包めば乾燥から守れると考えたのです。実際に試してみると、確かに割れることはなくなったのですが、今度は湿気が溜まり過ぎて竹にかびが生え、黒く変色してしまいました。乾燥したら割れる、湿気を帯びればかびる……私は自然素材を扱う難しさを痛感しました。

そこでさらに一計を案じ、ポリ袋に穴をあけて空気を入れ替えられるようにしました。すると湿度がちょうどよく保てるようになり、ようやく事なきを得ました。

しかし、安心したのもつかの間で、別の方面から新たなクレームが入りました。竹垣を取り付けた住宅で、かびが発生したというのです。一般的に住宅を建てるときは梅雨前までには完成させます。庭木も5月くらいまでに植え終えて竹垣も取り付けます。その後、じめじめした梅雨の季節に入れば、竹垣がかびてしまうリスクが高まります。この気候の問題は、知恵や工夫で乗り切るのは難しいものでした。

乾燥や湿気に強く、変質しない竹垣はないものかと考えた私が思いついたのが、プラスチックで竹を作れば、トラブルもなく半永久的に使えるはずだ、というアイデアです。

日本初の人工ユニット竹垣を開発

さっそくメーカーを探し、葬儀用にプラスチック製の丸竹を作っている会社を見つけました。青竹を模していて、黄色に塗れば問題なく竹垣の素材になりそうでした。

こうして開発したプラスチック製人工竹垣に、私は大きな期待を込めて販路を探しました。最初は委託販売という形で造園業者に置かせてもらおうと考え、そこで思わぬ抵抗に遭いました。現場の職人たちはプラスチック製の竹垣を偽物だと呼び、こんなものを扱うくらいなら仕事から足を洗うと吐き捨てて拒絶し、商品を突き返してきたのです。

しかし私は諦めることなく売り方を考え続けました。ヒントをくれたのは、とあるバイヤーでした。プラスチックの人工竹を見て、このままでは扱うのが難しいが、四ツ目垣にしたらどうかと提案してくれました。四ツ目垣とは丸竹を縦横に組み、隙間を方形にとったものです。つまり人工竹を組み合わせるのではなく、最初からユニットとして組み立てて販売するわけです。

アドバイスを基に作ったのが日本初の人工四ツ目ユニット竹垣で、人工物の使用に抵抗感のある造園業者ではなくホームセンターの店先に展示させてもらいました。

こうして1986年に四ツ目ユニット竹垣を販売開始し、大当たりとなりました。当時、ホームセンターは珍しい商品をたくさん取りそろえる場所として認知されつつあり、弁当持参で買い物に来て1日がかりで店を回る人までいたほどです。数ある商品でも四ツ目ユニット竹垣は異彩を放ち、一般の人々には天然の竹垣ですら物珍しいのに、ましてやプラスチック製ですから余計に目を引きました。

ホームセンター側も、自然素材のように変質することのない竹垣を入り口付近にずっと置いてくれました。反響は大きく、多くの人が物珍しい竹垣の前で立ち止まり話題にしたといいます。それが結果として思わぬ援護射撃となりました。家を建てる際、造園業者に対し、ホームセンターの入り口に置かれていた人工竹垣を使ってほしいという依頼が入るようになったのです。

それまでは人工竹垣に強い抵抗感を示していた造園業者も顧客の要望を無視することはできなくなりました。そうした状況の変化に加えて、竹を切る時期を気にすることなく計画的な生産ができ、変質せず取り替える手間もいらないメリットもあり、ホームセンターで展示していた地域を中心に四ツ目ユニット竹垣や人工丸竹袖垣などの使用は広がり、創業以来の大ヒット商品となりました。

自らの手で洋風エクステリアの市場を創出

その後、私の予想どおりホームセンター業界は急成長し、歩調を合わせるように会社も次第に大きくなって、取り扱う製品も増えていきました。しかし私は満足せず、いつも新たなチャンス、次世代の事業を探し続けていました。

さらなる新事業への転機となったのは日本の庭の洋風化でした。1980年代終盤からその潮流が現れてきており、私はそれをムラウチホビーというホームセンターの担当課長から教えてもらいました。きっかけとなったのは、私がムラウチホビーに「焼き丸太垣」の売り込みをかけたことでした。丸太垣とは、その名のとおり丸太で組んだ垣根です。京都をはじめとした関西は竹の文化であるのに対し、東京など関東には江戸時代から木の文化があります。それに合わせ関西では竹垣、関東では丸太垣というのが当時の常識でした。

その担当課長は私が持っていった焼き丸太垣を前にして、住宅の洋風化について助言してくれました。今増えている住宅の洋風の白壁にこの丸太垣は合わない、試しに中央線沿線を見てきてほしいというのです。

中央線沿線は造園業者が多く、だからこそ丸太垣を持参したのですが、確かに住宅を見ればハウスメーカーが建てた洋風のものが増えてきていました。地方はまだまだ和風の住宅が主流でしたが、東京という大都市、そしてハウスメーカーが建てた最新の家から生まれる潮流はいずれ必ず地方にやってくると私は確信しました。

その潮流に乗るためには洋風の家に合うエクステリアをあらかじめそろえておかねばなりません。私はさっそく世界最大規模のガーデン関連の見本市「spoga + gafa」という国

「spoga+gafa」にて、現地のバイヤーとの商談に臨む（左が著者）

際展示会に参加するためにドイツのケルンへと飛びました。

展示会ではその頃のヨーロッパのガーデニング文化を象徴する洋風エクステリアがどこまでも並んでおり、圧巻でした。日本の洋風住宅に合うものを見つけて国内マーケットへうまく持ち込めれば、きっと新たなニーズを掘り起こすことができるはずです。

私はその場で目ぼしいメーカーと話をして日本での専売権を獲得しました。そして同業他社に知られることのないようにひっそりとヨーロッパから洋風エクステリアを輸入し、取り扱いを始めました。その時点ではガーデニングという言葉はまだまだ一般的ではなく、洋風エクステリアに注目している会社はほぼ存在しませんでした。

こうして、洋風エクステリアという新たな市場を自らの手で創出し、開拓を進めていきました。日本で最初のガーデニングブームが到来するのはそれから5年後のことです。

離婚の危機をむかえて決意した、株式公開

ホームセンター業界の成長とガーデニングブームの到来という二つの強力な追い風を予測し、あらかじめ帆を大きく広げて待っていたおかげで事業の規模を拡大できました。そして1998年、私はガーデニング業界で初の株式公開を果たしました。

実は、株式公開の構想自体は1990年頃からありました。これには、ある個人的ないきさつが関係しています。

ある日の夜、妻が改まって私に話し合いの時間を求め、そして、強い口調で私を責め立てたのです。彼女が言うには、会社を大きくするのはもういい加減にしてほしい、自分はパート勤めで十分だというのでした。

妻は当時、給料計算など経理を担当し、社会保険料や税金の計算、会社の資金繰りまで考えてくれました。加えて家事や子育てもこなし、さらにはお腹に子どもがいました。

年間売上が500万円、1000万円というときは経理もそれほど複雑ではありませんが、年商10億円、15億円となれば個人でできる範囲を超えてきます。妻はまじめな性格ですから、ただでさえ家庭を守らねばならないのに、そうして自分の仕事が増えて責任がどんどん大きくなるのに耐えられなくなったのです。人生で一度きりの離婚の危機でした。

話を聞き、私はもう会社をそれ以上大きくするのはやめようと思いました。ただし、会社の成長が止まればそれは衰退であり、拡大を望まなくなった時点であとは縮小していくしかありません。この決断は私にとって、いわば会社経営を辞めるかどうかという究極の選択でした。

私は翌日、同級生である岡室と平松の2人に相談をしました。自分としては会社をもっと大きくしたいという野心があり、これまでもそのために個人で担保を入れてお金を借りたりもしてきたが、もうこれ以上、犠牲を払うことはできないと打ち明けたのです。なぜ自分の家庭を捨ててまで会社に尽くさねばならぬのかと、少し感情的になってしまったことを覚えています。

そのような話をしたところ、唯一の解決策として出てきたのが株式公開でした。株式公開をすれば、私はプロフェッショナルの経営者という立場となり、すべてを自分で背負う必要がなくなります。妻を仕事から遠ざけ、私個人としての保証も外すにはそれしかないというのがこのときの結論でした。

その日を境に株式公開を目的に動き始めました。そして実際に店頭市場（ジャスダック）への公開に至ったのは１９９８年９月１日です。当時、業界ではこの分野で唯一、また和歌山で最も早く店頭登録を行った企業となりました。

また、海外に進出していったのもこの頃からです。１９９５年、中国・天津市での販売子会社の設立を皮切りに、韓国、台湾、ドイツ、オーストラリア、ベトナム、イギリスなどに拠点を構え、積極的に海外へ展開していきました。

そうして企業規模が拡大しても、常に守りに入ることなく、業界では類を見ない試みにいくつも取り組んできました。

例えば２０１４年には業界での資格制度として「エクステリア＆ガーデンマイスター制

度」を創設しました。これは庭やエクステリアのデザイン、設計、施工のプロを養成することを目的とした企業マイスター制度です。全国で研修会を開催し、所定の課程を修め試験に合格した施工店にはマイスター認定店として認定書を授与、認定店には継続して専門的な情報やノウハウを提供し、ガーデンエクステリア文化の拡大につなげています。そして2018年7月9日、東証一部上場を果たし、2022年4月からの東証新市場区分ではプライム市場を選択しました。

私たちはガーデンエクステリア業界でオンリーワンの製品を生み出し、地方から世界に進出するという目標を創業時に掲げ、さまざまな経営戦略によりグローバルな事業展開を実現してきました。まずは、「地方だからダメだ」という旧来の思考にとらわれることなく、地方を拠点とするからこその利点を徹底的に活かす逆転の発想を大切にもち続け、事業拡大に取り組んだのです。

［第1章］

〈戦略1：事業拡大〉
地の利を徹底的に活かす
「地方＝デメリット」の発想を
逆転させる事業拡大プラン

成功をつかむための三条件「天の時、地の利、人の和」

「天の時、地の利、人の和」という言葉があります。これは戦略が成功するための三条件といわれるもので、古代中国の儒学者である孟子の言葉がもとになっています。会社経営においても、この三つは成功するための必須条件であるといえます。

経営的に解釈すれば、天の時とは事業において追い風が吹き、チャンスが到来することです。こうした要素はコントロール不能のように思えるかもしれませんが、実は必ずその予兆が現れるものです。私自身の例でいうと、ホームセンター業界の成長やガーデニングブームなどは、まさしく天の時にあたります。私はただそれを待っていたのではなく、時代の先を読み、先手を打って準備を進めていきました。だからこそ天の時が訪れた際に、最大限にそれを活かして飛躍できたのです。その意味で、天の時をつかむにはそれ以前の予兆の把握、すなわち情報収集と、それに沿ったマーケティング戦略が重要となります。

地の利については、言葉どおりの地理的なメリットから事業環境までさまざまなとらえ方ができますが、私が考えてきたのは、和歌山県海南市という土地の利をいかにして活用し、地方から世界へと羽ばたくかということでした。

そして最も重要なのは人の和です。会社にとっての人財はもちろん、人との縁や出会いをいかに大切にし、人脈を構築していけるかもその範疇に入ります。孟子は天・地・人の順に並べていますが、私自身の歩みとして考えると地の利、天の時、人の和という順番になります。私は創業当時から、本社を大都市に移そうとはまったく考えていませんでした。それは、地方にあるからこその強みや個性を大切にしてきたからにほかなりません。

行政も企業の地方移転を推進

これまで、地方で事業を行うことについてはメリットよりもデメリットが強調されてきたように感じます。経営者にも、地方よりもヒト・モノ・カネ・情報が集まりやすい都市部が、より経営環境が良いと考えている人は多いと思います。だからこそ高いコストをかけてでも都市部で事業を続けているわけです。

確かに地方で事業をするのにはデメリットが存在します。人口減少や高齢化の進行により、多くの職種では人材の確保が難しく、またマーケットサイズも小さくなる傾向があります。都市部と比較すれば消費額は小さく、事業収益を大きく伸ばすのが難しいかもしれません。地方だけで事業をすることを考えるなら、こうしたデメリットは考慮すべき部分であり、都市部への進出も検討材料となります。

しかしより広い視野で考えるなら、昔からいわれているこのようなデメリットなど、まったく気にならないはずです。現代では特に、ＩＴ技術や輸送技術をはじめさまざまな技術革新により、地方にいることのデメリットが薄れつつあります。最初から商圏を全国、そして世界へと広げていくことを考え、そのための戦略戦術を練っていくなら、狭い地域における人材やマーケットサイズといった課題に頭を悩ます必要は本来ないのです。

近年は、地方にデメリットに勝るメリットを見いだす経営者が増えてきていると感じます。実際に企業の地方移転が盛んになり、注目が集まっています。新型コロナウイルスの感染拡大をきっかけに、大都市に本社を構える企業の多くでは社員の出社制限が行われ、テレワークの普及が一気に進みました。その後、社員の働き方の多様化を認めるべく就業規則を変える企業も現れたのは記憶に新しいところです。

企業のそうした動きを、国や自治体も後押ししてきました。従来、「地方拠点強化税制」

によって地方における業務拡大や東京23区からの本社機能移転を推進してきたところに加え、2020年からテレワークを活用した移住の取り組みや地方でのサテライトオフィス開設などを支援する「地方創生テレワーク交付金」が創設され、「新型コロナウイルス感染症対応地方創生臨時交付金」などを活用して独自の企業誘致支援を行う自治体もいくつも出てきています。こうして働き方の多様性を認める風潮が生まれ、そこに行政による支援も重なった結果、地方移転という選択をする企業が増えているのです。

経営的にも、地方移転にはメリットがあります。製造業という視点からいうと、いちばんのメリットはコストです。大量生産する製品の生産工程さえ確立できれば、あとはイニシャルコストやランニングコストが低いほど利益率が高まりますから、大都市よりも地方のほうが圧倒的に有利となります。この原則の延長線上に、海外進出もあります。中国や東南アジアなど、よりコストが安い国に拠点を構えることで利益率を高める戦略です。

製造業以外の業種でも、大都市近郊に比べ地方ではオフィスの賃料をはじめとしたコストが格段に下がることが多いです。また、地方創生やSDGsといった社会課題により貢献できるようになる可能性もあり、その情報をうまく発信してIR強化やブランディングにつなげることも可能になります。

だからといって、どんな企業でも地方に移転すれば成功するというようなことは当然ありません。むしろコストダウンや働き方改革という大義名分のもと、地方ならどこでもいいとばかり、やみくもに地方移転をしてしまうようだと間違いなく失敗します。

地方の未来を変える「デジタル田園都市国家構想」

地方の企業がとるべき戦略を語るにあたり、まずはその前提条件として未来の話をする必要があります。企業の未来、地方の未来、そして日本という国の未来を考えるうえでは外すことのできない政府の構想が、岸田内閣が２０２１年に発表した「デジタル田園都市国家構想」です。

この構想は、「デジタル実装を通じて地方が抱える課題を解決し、誰一人取り残されずすべての人がデジタル化のメリットを享受できる心豊かな暮らしを実現する」というものであり、デジタルの力を全面的に活用し「地域の個性と豊かさ」を活かしつつ、「都市部に負けない生産性・利便性」も兼ね備え、「心豊かな暮らし」（Well-being）と「持続可能な環境・社会・経済」（Sustainability）の実現を目指すとしています。政府はデジタルを活用して地域の課題解決に取り組む自治体の数を2027年度末までに1500団体に展開する計画でいます。これらの予算総額は5・7兆円にも及び、政府がいかに本気になって地方創生を成し遂げようとしているかが伝わってきます。その点も加味して、デジタル田園都市国家構想は、地方のあり方を根底から変える可能性を秘めていると私も感じています。

多くの地方都市は、人口減少や少子高齢化、産業空洞化などさまざまな社会課題に直面しています。こうした社会課題を解決するための鍵となるのがデジタル技術であり、地域の個性を活かしながら、課題解決や魅力向上といった新たな価値を生み出す源泉となるものです。

デジタル田園都市の実現を支えるインフラに関しては、国が主導して最新鋭のデジタルインフラである「5G（第5世代移動通信システム）」を整備、2023年中に人口カバー率9割まで引き上げる予定です。すでにVR（仮想現実）やAR（拡張現実）といった高度なデジタル表現が存在し、スマートフォンをはじめとした端末も高性能化しています。そこで地方にも、これまでの回線の20倍もの送信スピードを誇る5Gが普及すれば、DXの流れが大きく加速していくのは間違いのないところです。

しかし私の会社が属するガーデンエクステリア業界では、残念ながらDXの取り組みにおいて後れを取っている印象です。地方企業においてはどんな業種であっても、このDXの奔流に乗れずに取り残されてしまえば生き残りは難しくなります。

デジタル田園都市国家構想とどう向き合い、どのように参画し、どういった領域で自社の存在感を示していくか。これが今、地方の企業において最も重要な課題の一つであると私は考えています。

近未来を紐解く手引き、「Society 5.0」

なぜ今、デジタル田園都市国家構想が推進されるのか、その背景にあるのが「Society 5.0」というキーワードです。2016年に第5期科学技術基本計画で提唱され、2021年の第6期科学技術基本計画でも、改めてSociety 5.0の重要性が強調されました。以下、内閣府のホームページを一部抜粋、引用して解説します。

「Society 5.0」への発展の過程

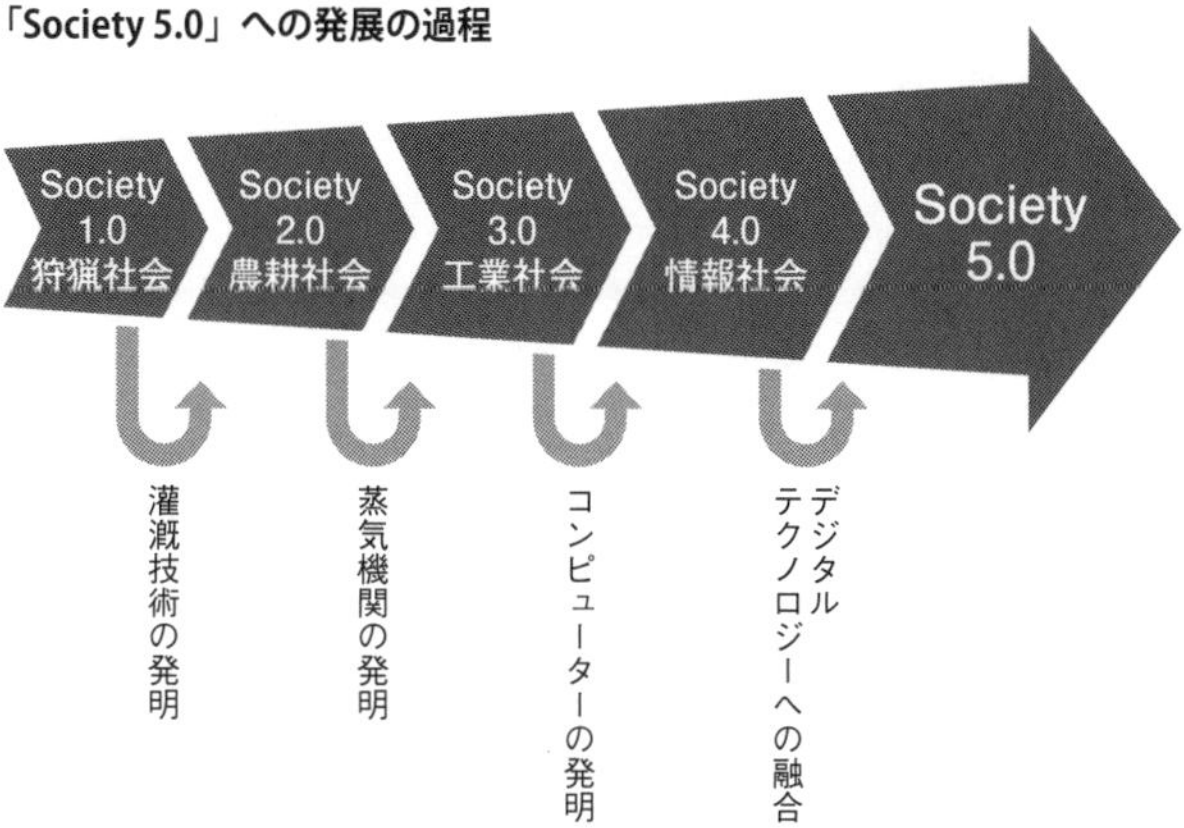

Society 5.0は、狩猟社会（Society 1.0）、農耕社会（Society 2.0）、工業社会（Society 3.0）、情報社会（Society 4.0）に続く新たな社会を指すもので、第5期科学技術基本計画において我が国が目指すべき未来社会の姿として初めて提唱されました。

これまでの情報社会（Society 4.0）では知識や情報が共有されず、分野横断的な連携が不十分であるという問題がありました。人が行う能力に限界があるため、溢れる情報から必要な情報を見つけて分析する作業が負担であったり、年齢や障害などによる労働や行動範囲に制約があったりしました。また、少子高齢化や地方の過疎化などの課題に対してさまざまな制約があり、十分に対応することが困難でした。

Society 5.0で実現する社会は、IoTですべての人とモノがつながり、知識や情報が共有され、課題を克服します。またAI（人工知能）により、必要な情報が必要なときに提供されるようになり、ロボットや自動走行車などの技術で、少子高齢化、地方の過疎化などの課題が克服されます。

Society 5.0は、サイバー空間（仮想空間）とフィジカル空間（現実空間）を高度に融合させます。フィジカル空間のセンサーからの膨大な情報がサイバー空間に集積され、このビッグデータをAIが解析し、その解析結果がフィジカル空間の人間にフィードバックされます。膨大なビッグデータを人間の能力を超えたAIが解析し、その結果がロボットなどを通してフィードバックされることで、これまでにはできなかった新たな価値が産業や社会にもたらされます。

地域、年齢、性別、言語等による格差はなくなり、個々のニーズ、場合によっては潜在的なニーズに対しても、きめ細かな対応が可能となります。モノやサービスは必要なときに、必要なだけ提供され、社会システム全体が最適化されます。

これは一人ひとりの人間が中心となる社会であり、ＡＩやロボットに支配され、監視されるような未来では決してありません。また、わが国のみならず世界のさまざまな課題の解決にも通じるもので、国連の「持続可能な開発目標」（ＳＤＧｓ）の達成にも通じるものです。

このように、政府の提唱するSociety 5.0では、サイバー空間とフィジカル空間、ロボット、ＡＩ、ビッグデータなど、いくつもの技術的なキーワードが盛り込まれています。Society 5.0の考え方に基づき展開されるデジタル田園都市国家構想でも、そうした最新技術の活用が鍵となるのは間違いなく、ガーデンエクステリア業界に先駆けて自社の事業に戦略的に取り入れていく必要があります。それが、地方企業がおかれた現在地であると私は考えています。

地方都市の新たな形、スマートシティ構想

今後、地方都市においてＤＸ化がどのように進むのか、未来を知るための一つのキー

ワードとなるのが、「スマートシティ」という都市構想です。

スマートシティとは、デジタル技術を活用して都市インフラや施設運営などを最適化し、企業や生活者の利便性・快適性の向上を目指すものであり、Society 5.0の先行的な実現の場として定義されています。例えば都市内に張り巡らせたセンサー・カメラ、スマートフォンなどを通じてさまざまなデータを収集、それをAIで分析し、都市における課題をよりよく改善していきます。すでにスマートシティを目指した取り組みは世界各国で行われており、中央政府や地方自治体だけではなく、GoogleやAmazon、アリババといったIT系プラットフォーマーなど民間企業でも推進されています。

日本が典型ですが、世界においても大都市に人口が集中し、それにより環境悪化や長距離通勤といったいくつもの問題が生じています。それをICTやAIといった技術によって解決し生活の質を高めようというのが、スマートシティ化の目的の一つでした。

しかしコロナ禍を経験し、密な空間を避けて感染症の拡大を防止しながら安全に暮らしたいというニーズが強まりました。今後はスマートシティで得られる移動データやパーソナルデータを接触者の経路管理や警告発信に応用するなど、アフターコロナ時代に求められるレジリエント型のスマートシティを構築する必要がありそうです。

　なお日本でもすでにスマートシティを目指した取り組みがいくつか出てきています。現段階では完璧に実現したとまでいえる都市や地域はないように思えますが、事例は着実に積み上がってきています。例えばトヨタ自動車が推進する「コネクティッド・シティ」構想は、最先端のスマートシティプロジェクトの一つです。

　このプロジェクトは「Woven City」（ウーブン・シティ）という一つの街をつくり、そこで同社の社員などが実際に生活を行いながらスマートシティとしての検証を行うという大規模なものです。同社の領分である自動運転を皮切りに、ＭａａＳ、パーソナルモビリティ、ロボット、スマートホーム技術、ＡＩ技術などを多角的に導入し検証していきます。狙いとしては、人々の暮らしを支えるあらゆるモノ、サービスが情報でつながっていく時代を見据え、ウーブン・シティで技術やサービスの開発と実証のサイクルをすばやく回し、新たな価値やビジネスモデルを生み出し続けることだそうです。

　こうしたスマートシティの成功の鍵を握る存在といえるのが、さまざまなデータを分野横断的に収集し整理する「都市ＯＳ」と呼ばれるオペレーティングシステムです。街のインフラの根幹となるこのシステムを開発するには、リアルとバーチャル空間の連携が欠かせません。例えば都市の３次元データに道路交通や公共交通、人流、災害情報などのデータを組み合わせることで、ＭａａＳなど新たな交通サービスのシミュレーションをしたり、ＶＲやＡＲを利用して観光を疑似体験できるようにしたりしながら、都市ＯＳを構築していく必要があります。このようにリアルで得たデータをバーチャル空間上に再現し連動して活用する技術を、デジタルツインといいます。私の会社でも「ＤＸとリアルのハイブリッド空間」を一つのテーマとして掲げ、ＶＲ、ＡＲ、ＭＲ（複合現実）といった手法でデジタルツインの活用を進めています。

今後、世界が不可逆にデジタル化されていくなかで、経営者にはあらゆる事業をそれに対応する形へと大きく転換していくことが求められます。デジタル田園都市国家構想、Society 5.0、そしてスマートシティといった近未来を決定づけるような重要な政策や方針、アイデアをよく理解したうえで、生き残るための戦略を練っていかねばなりません。

そのために、デジタル中心のソフト工場の設立と同時に、地方創生モデルとしてGLD-LAB.鳥取とアジア戦略を考え、GLD-LAB.フィリピンを法人として立ち上げました。

CG 動画や VR など各種 DX サービスの開発を行うオフィス
(外観は GLD-LAB. 鳥取)

VR 空間で家づくりをイメージできる「バーチャルホーム＆ガーデン」

← DX サービスについて詳しくはこちら

この経験は、どのような手順で未来戦略をつくり上げていけばいいか、私流のやり方を模索するきっかけになりました。

土地の歴史や背景を自社の個性に変える

地方で事業を円滑に行い、成長を続けていくには、土地の特性を自社の個性に昇華させ、その場所にあるからこそのメリットを戦略的に活かすという発想が欠かせません。

例えば和歌山県海南市には、家庭日用品産業という全国に誇る地場産業があります。炊事、洗濯、風呂、トイレといった水回りで使う家庭日用品を扱う企業の数は海南市を中心に県内で100社前後あり、その取扱高は圧倒的なシェアを占めています。その発展の土台をつくったのが海南市東部で栽培されていた棕櫚であり、それを原材料とした棕櫚縄やたわし、刷毛《はけ》といった製造が盛んになったのでした。

ですから海南市には、私が創業した1980年にも家庭用品産業の確固たる地盤がありました。同種の企業が集積し、ヒト・モノ・情報という三つのネットワークがすでに整っていたのです。そんな土地で事業をしているからこそ、生み出せるアイデアがあります。

ホームセンターに向けた人工竹垣の販売などはその典型で、地場産業のなかにいたからこそ見いだせたチャンスです。

人口も多くの企業も東京に一極集中する日本の現状では、同じ環境にあまりに多くの人々が固まり、結果として国としての創造性が失われていっているように感じます。そうしたなかで、東京にいては思いつけないような商品やサービスを創造して全国へと拡大していくというのは地方にいるからできることであり、地方にこそチャンスが眠っているともいえます。

世界的に見ても、その土地の歴史や背景をうまく個性に変え、独自のやり方で成功を収めているケースはいくつもあります。例えばドイツでは、観光都市として有名なヴォルフスブルクという街があります。人口は12万人ほどで、日本でいえば北海道の小樽市と同じくらいの規模の自治体です。この決して大きいとはいえない地方都市は、もともとは観光の候補になるような場所ではありませんでした。この都市を語るうえでの唯一の話題といえば、フォルクスワーゲンの本社があることくらいでした。フォルクスワーゲンは、ナチス・ドイツの時代に国策として国民車が構想されたことで創設された自動車メーカーです。本拠地として選ばれたのがヴォルフスブルクで、工場の建設やそこで働く労働者の数などを計算したうえで、都市計画が立てられました。つまりは自動車産業に特化した都市であり、観光客が訪れて楽しめる要素などなかったともいえます。

しかし、1990年のドイツ再統一を一つのきっかけとして町おこしが進み、その出自を活かした自動車博物館やアトラクションをつくってきました。フォルクスワーゲン本社の敷地内にある車を柱としたエンターテインメント施設「アウトシュタット」は特に有名で、希少価値のある旧車の展示や、オフロードコース、子どもが車で遊べるエリアなどが広大な敷地に点在します。さらにホテルやレストランも完備され、1日いても十分楽しめる観光地となっています。アウトシュタットに行きたいからヴォルフスブルクに泊まろうと考える観光客も多く、経済効果は町全体に波及しています。日本でも、博物館をつくって展示を行ったり、工場の一部を一般開放したりする企業はありますが、地域とともに1日遊べるテーマパークをつくる事例は聞いたことがありません。

こうして土地の歴史や背景といった地の利を活かし、唯一無二のあり方を追求するというのが、地方企業が描くべき拡大戦略なのです。そのうえで、その場所でないとできないこと、やれないことを諦めず辛抱強く続けていくことが大切です。

拡大戦略の指針となる「経営計画書」の作成

地方から全国、そして世界へという事業拡大戦略を描くにあたっては、地の利を活かす以外にも、あらかじめ固めておくべき基本的な戦略がいくつもあります。

私が初めてそれを学んだのは、創業前に参加した経営研究会です。そこで受けた指摘をきっかけに起業に踏み切ることになったわけですが、そのほかに経営の基礎をしっかりと理解できたのも大きな収穫でした。

研究会では、経営で最も大事なのは明確な経営計画に沿った経営戦略であり、その基本となるのがヒト・モノ・カネであると言われました。なお、現代においてはここに情報を加えて4大経営資源と呼ばれます。経営者はこれらをいかに管理し、より経営を効率的に行っていくかが問われます。事業の拡大にあたっても、その都度経営資源は十分か、それをどう分配するか、常に考えていかねばなりません。

経営資源の効率的な活用のための指標となるものが経営計画書です。私は1989年から毎年、年末になると2週間ほどホテルにこもり、経営計画書を作ってきました。そのきっかけとなったのが35歳で和歌山県中小企業家同友会に入会したことでした。その頃はまだ社員数15人ほど、年商15億円くらいでしたから、私たち以上の規模の会社の経営者がたくさん集まっていて緊張したものです。あるとき、セミナーを受けてから懇親会に参加したのですが、そのときに東京支部長だった方から経営計画書の存在とその意義を教えてもらいました。聞けばMicrosoftの創業者ビル・ゲイツは、2週間から1カ月、山小屋に泊まり込んで経営計画書を練ったといいます。私もそれにならい、年末にホテルに泊まり込んで経営計画書を仕上げることにしました。

経営計画書は、あらゆる企業の経営者が作成すべきものであり、拡大戦略を練るうえでも欠かせない指針となります。では、なぜ経営計画書が必要なのかというと、それが会社の存在意義である経営理念を実現していくための手引書となるからです。経営計画書に経営理念を掲げることで、自らの価値観や考え方を明確に示し、会社が進むべき道を常に確認できます。

また、併せて経営理念を達成するための具体的な事業計画を立て、その目標に向かって全社が一丸となって進めるようにします。理念と目標が明確なほど、自分も社員たちも正しい方向性で努力ができ、結果として経営が効率化します。

ハーバード大学の卒業生を対象とした「明確な目標と具体的な計画を紙に書き留めているか」についての調査で興味深い結果があります。この調査では84％の卒業生が「特に明確な目標を設定していない」、13％が「目標は設定したが、特に紙などには書き留めていない」、残りの3％が「明確な目標と具体的な計画を設定し、紙に書き残している」と回答したそうです。そして調査から10年後に追跡調査したところ、明確な目標のなかった84％と目標は設定したが紙には書かなかった13％の卒業生に比べ、明確な目標を紙に書き留めていた3％の卒業生の年収には約10倍もの開きがあったといいます。

経営でも同じで、自らの理念とそれを実現するための事業計画をアウトプットしてこそ、経営者の意思が正しく社内に伝わって、社員たちもやるべきことが明確になり、組織が一丸となって進めるようになります。経営計画書をしっかり作るかどうかで、10年後の業績が10倍も変わる可能性は大いにあります。経営計画と事業計画の関係を登山で例えるなら、目的地をどこにするか決めるのが経営計画、目的地までどのようなルートをどんなペースで登っていくかという具体的なプランを定めるのが事業計画だといえます。

事業計画は、短期、中期、長期の三つのスパンで考える

事業拡大のための礎となる経営計画書を作成するにあたって、最初に記すべき最も重要なものが経営理念です。

会社を経営するなら、世の中の多くの人に影響を与えられるほどの高い理念をもつべきであり、そこさえ定まればあとはどうやってそれを実現するか、どんな商品やサービスを提供するか、というように事業の形が見えてくるものです。経営計画書にも自社はなんのために存在し、経営者がどんな考えのもと、何を目指しているのかをしっかりと書いておく必要があります。私の会社の場合は、まず「心身の健康と家族の笑顔のある庭暮らしをお届けする」という会社の思いをベースに、家の暮らしと庭の暮らしの幸せな家庭をつくることを基本としています。

そして私がつくった経営理念は次のとおりです。

私たちタカショーグループは常に変化を先取りして新たな価値を創造し、広く都市環境庭文化づくりに貢献する

グローバルなオンリーワングループを目指します。

①ガーデンを中心とした豊かで安らぎのある庭生活文化を創造します。

②さまざまな提案を通じ、お客様の期待以上の満足を追求します。

③たゆまぬ研究開発により質の高い商品とサービスを追求します。

④すべての命を尊重し自然との共生をテーマに地球環境を守ります。

⑤人が成長することにより会社が成長する人材型企業としての職場を実現します。

⑥企業の社会的責任を自覚し、法令及び公正な商習慣に則り、透明な企業活動を推進します。

中小企業には経営理念がただのお題目となり、社員もよく知らないような状態のところが見受けられますが、それではいけません。経営理念の目的は、社員や顧客、そして社会全体に対し会社の信念や行動指針を伝えることであり、経営計画書にも必ず示すべきもの

です。そうして経営理念を明確にしておくことで、社員のモチベーションが高まり、顧客や社会からの共感を得られ、人材採用にもつながります。また、しっかりした理念は経営者にとっての羅針盤の役割を果たします。判断に迷ったり、次にとるべき行動が分からなくなったりした際には、理念に立ち返ることで自社がなんのために存在しているか改めて確認でき、進むべき方向が定まります。

経営理念に続いて書くのが、拡大を目指すうえでの基本目標や戦略といった事業計画です。経営理念に基づき、いつまでに何を達成するのかといった目標と、どういった手段でそこまでいくのかという戦略を明らかにします。事業計画は大きく、短期、中期、長期の三つのスパンに分けて考えるのが一般的です。

短期計画は1年先までの計画で、会社の現在地を映すものです。売上や諸経費、生産管理など、事業に関わる数値をできる限り明確に予測しなければいけません。これらは現状のさまざまなデータから論理的に導けるはずであり、1年先の具体的な姿すら描けないようでは残念ながら経営者失格です。経営計画書においても、きちんと現状分析をしたうえで立てた短期計画であれば、1年間は内容が変わることはないはずです。短期がなぜ1年という長さなのかというのは企業会計のルールに由来しています。企業の借金である借入金には、返済まで1年以内のものは短期借入金とされ、貸借対照表（バランスシート）では短期借入金を流動負債として計上します。これを企業会計では「ワン・イヤー・ルール」といいます。ここから、短期計画は1年以内というのが共通の認識となりました。

中期計画にはワン・イヤー・ルールほどの明確な線引きはありませんが、おおむね3年から5年で考えるのが一般的です。中期計画では、ある程度具体性をもって数値目標を定めるのが大切です。その内容は当然、短期計画とリンクしてきますが、あまり引っ張られ過ぎてもいけません。例えば短期計画が赤字であっても、「中期でいけば黒字化できる」という拡大への希望をもって数値を定めるのが大切です。また、いくら優れた経営者でも5年先の具体的な数字まではなかなか分かりませんから、中期計画で定めた数値は状況によりある程度修正していっていいと思います。

そして、5年から10年先の未来の姿を描くのが長期計画です。長期的なビジョンや方針といった経営理念に基づき、10年後にはこんなふうにありたいという自社の姿をできる限り具体的に描いていきます。ただ、10年先を完全に見通せる人などいません。長期計画には、自分の思いや希望をどんどん込めていき、実際に間違っていたとしても反省して勉強しながら修正をかけていけばいいのです。

ですから、私も創業当初に作成した経営理念に「グローバル」という言葉を使い、世界に羽ばたくライフスタイルメーカーになるのだ、という思いを込めました。こうした長期計画だけでは荒唐無稽なものに見えるかもしれませんが、短期・中期計画で具体的な戦略を補うことができれば、決して進むべき方向に迷うことはないのです。

拡大のための具体的な戦略を練る方法

短期から長期にわたる計画を立て、実効性をもたせるためには、各業務領域で具体的な戦略を練っていく必要があります。私が経営計画書に記すのは、大きく「販売戦略」「物流戦略」「企画開発戦略」「ブランド戦略」です。

【販売戦略】

自社の商品やサービスがマーケットで勝っていくための戦略です。広告、ＥＣサイト、カタログ販売、ダイレクトメール、代理店の活用など、検討すべき要素は多岐にわたります。私の場合はこれまで、大手企業の入りづらいニッチなマーケットを攻めるための販売戦略をとり、ＳＮＳなど新たな時代に合った形での施策を展開してきました。

一般的に販売戦略を立てる際の基本となるのが、競合先の研究です。この研究は国内だけで終わらせてはいけません。世界に目を向ければ、各国にトップシェアをもっているメーカーがあり、販売戦略について分析するのも非常に参考になります。ただ、いきなり年商何兆円といった企業の販売戦略を真似するのは難しいので、自社でできる部分を拾い上げて取り入れていきます。

販売戦略では、拡大の仕方も検討しなければいけません。例えば市場のシェアを段階的に奪いステップアップするのか、あるいは一足飛びでトップシェアを目指し、そのためにビジネスモデルや販売方式を構築するかといった点が定まらなければ、ダイレクト販売かルート販売かといった手法や、流通経路なども固まりませんから、あらかじめ検討しておく必要があります。

また取引先とどのように関係を築くかも、販売戦略のポイントとなります。私はこれまで、地域一番、業種一番、業界一番といったナンバーワン店とだけ取引するようにしてきました。なぜ一番にこだわったかというと、市場を牽引《けんいん》するようなトップと組み、時代を切り拓いていってこそ自社の事業も拡大し、ナンバーワンになれると考えたからです。

【物流戦略】

物流とは産業の大動脈であり、経済活動は物流があってこそ成り立つものです。いくら最先端の工場で最高品質の商品を作っても、それを顧客に届けられる手段、すなわち物流の整備ができていなければ事業は回りません。

日本では以前から物流への投資をコストと見る風潮が強いですが、それは時代遅れの発想です。物流を制する者が市場を制すといっても過言ではないくらい、近年は物流の重要性が増し、モノを運ぶなかで新たな価値を生み出すような物流戦略が企業の競争力の一つとなっています。

最もメジャーな例はAmazonです。自らをロジスティクスカンパニーと評するほど物流に力を入れている企業であり、毎年2兆円近くもの巨額予算を物流や配送に費やしてきました。利益の多くを物流に投資することで配送コストの低減やより顧客満足度の高い配送サービスを実現してきた結果、それが競争力を生んでライバル企業と差をつけ、世界最大規模のＥＣサイトへと成長したのです。

日本に目を向けても、物流戦略を磨き成功の原動力とした企業はいくつもあります。特に優れていると私が感じるのがニトリです。家具やインテリアの販売というニトリのビジネスモデルにおいては、レジを通したら販売終了とはいきません。大型商品などは特に、顧客の元まで届けて引き渡すという工程が必要になります。したがってニトリでは製造から販売までを手掛けるＳＰＡ（製造小売業）という業態に加え、独自の物流事業をもっています。最新技術の導入にも積極的で、ネット通販向けのロボット倉庫を建設するなど投資に余念がありません。そうして全国どこでもスピーディに商品を供給できる物流システムを構築したのが、同業他社と一線を画して成功した理由の一つです。

私もニトリと同じ物流戦略をとり、製造から流通まで一貫して展開しています。本社ロジスティクスセンターを中心に、関西や関東をはじめ全国に16の営業支援拠点を構え、よりスピーディに商品を届ける体制を整えています。

事業が拡大していくほど運ぶべきモノの量は増え、物流面の課題も多くなります。こうして物流をコストではなく強みに変えるような戦略を描くのが大切です。

【企画開発戦略】

商品の企画開発は、サプライチェーン全体を見渡しながら戦略的に行うべきものであり、ただ質の高いものを作ればいいというわけではありません。いくらすばらしい商品でもニーズがなければ売れませんし、生産コストが高かったり配送の仕組みが整っていなかったりすれば、結果的に利益率が下がり事業としての採算が合いません。

新商品を作る際にまず重要なのはマーケティングです。商品の差別化を目指し、業界に存在しなかったような新たな商品を開発するにしても、マーケティングを徹底的に行い、潜在ニーズを掘り出したうえで進めなければ空振りに終わることもあり得ます。

また、自社の商品のブラッシュアップにはユーザーの声が欠かせません。例えば味の素は冷凍餃子を開発してヒットさせたのち、より商品の魅力を高めるべくユーザー調査を実施したところ、多くのユーザーは目分量で水を注いでいることが明らかになりました。水が多いと冷凍餃子の魅力のパリッとした食感が失われます。つまり、ユーザーに対し商品の魅力を十分に届けられていなかったのです。そこで味の素は、水を使わずとも焼くことができ、パリッとした食感を楽しめる冷凍餃子を開発し、爆発的にヒットして、他社の追随を許さない人気商品となったのです。

こうしたリサーチのポイントは、ユーザーのポジティブな評価とネガティブな評価の両方を把握することです。ユーザーの声に対応するためには、技術力も求められます。つまりマーケティングと商品開発は密接につながっており、両方にバランスよく投資するというのが商品の企画開発戦略の基本となります。そのほかに、先ほど述べたとおり企画段階から物流や生産管理を考慮しておくのも大切です。

また、自社の強みを十分に活かせる商品を作るのも重要です。中小企業なら特に、大手企業ももっていないような独自技術をフル活用して、どこも真似できないような商品の開発を目指すべきです。

私の会社はガーデンライフスタイルメーカーとしての提供はもとより、オーダー型対応やネット空間とリアルのハイブリッド政策を基本にしています。顧客が必要とするものを提案してネット上で吟味してもらい、その後リアルで現場に提供するという、無駄なものをつくらないようにするＳＤＧｓの精神が、なによりの差別化です。

【ブランド戦略】

全国、そして世界へと飛躍していくのに欠かせないのが、ブランド戦略です。ブランド戦略は大きく分けて、会社自体と商品のブランディングの二つに分かれます。

会社のブランディングについては、どのような企業でありたいのかをメッセージとして発信することで、企業理念や経営方針が社内外に浸透しやすくなります。そうして理念や思いが広く知られると、顧客や取引先、社員に安心感をもたらし、企業の社会的な信用も高まっていきます。

自社のブランディング戦略として、ＣＩ（コーポレートアイデンティティ）マークを作るのも効果的です。マークの要素に一つひとつ意味を込め、グループのＣＩとして例えば赤は無限のエネルギーをもつ太陽、緑は地球の環境を表して、それぞれの力が響き合ったときに企業として夢を実現できる、といったメッセージを内外にアピールできます。また会社としてのキャッチコピーにあたるブランドステイトメントなども併せて細かく定め、商標登録を行うというのがとても重要です。事業の拡大を志すなら、コストをかけてでも最初から取っておくべきであると私は思います。

実際、商標関係で苦労した会社を私はたくさん見てきました。ようやく自社の認知が上がってきたところで、見ず知らずの第三者がそれを取得して勝手にブランド名を使われてしまえば、今まで築いてきた信頼は泡と消えます。特に模倣品が多く出回る中国などに進出する際には、あらゆる商標に関して慎重を期す必要があります。

上場する際の申請でも、商標がよく引っ掛かります。もしそこで別の会社により商標が抑えられていると判明したら、印刷物や商品ロゴなどはすべて刷り直しになり、膨大なコストがかかります。先に登録した相手から商標権を譲ってもらうにしても、場合によれば数億円の費用が発生します。上場間際でそのような面倒に巻き込まれないためにも、あらかじめ商標を取っておくべきです。商品のブランディングについては、例えば一般ユーザー向けとプロフェッショナル向けという具合に、複数のブランドに分ける方法が効果的です。一般ユーザーとその道のプロでは、当然ながら扱う商品が明確に違いますから、ブランドを区別すると分かりやすく、認知されやすくなります。

なお、商品のブランドを考案する際に注意しなければならないことがあります。中小企業に多い勘違いで、すべてのブランドに自社名を入れてしまうのは、実は誤りです。有名ブランドで例えるなら、ソニーはあくまでコーポレートブランドであり、商品ブランドとは異なります。もし「ソニーテレビ」「ソニーデジタルカメラ」などと自社の名を商品に冠していると売れなくなった際に自社の名前まで消えることになり、ひいては自社ブランドの失墜につながります。ですからソニーでも、テレビならブラビア、デジタルカメラはα（アルファ）といったように商品ごとにブランディングを行っているのです。

事業規模に応じて変わる、資本政策の最適解

経営計画書の作成にあたって、最後に検討すべきなのが資本政策です。企業の資本政策には段階があります。

最初は自分のお金でのやりくりで、そこで信頼ができてくれば銀行と取引できるようになります。事業が拡大していけば、ベンチャーキャピタルや第三者の投資も受けながら、

新興市場などで資金を募るという手段が選択肢に入ってきてその先にはジャスダックなどへの上場があり、さらに大規模に資金を集めることも可能となります。したがって現在の段階に合わせて、資本政策の最適解は変わってくると思います。

中小企業では、自分の懐と会社の財布が一緒になり、経営者自身の財産を担保にお金を借りているようなことも多いと思います。私の会社も、創業からしばらくはそんな状態でした。そのように資金が潤沢ではないと、どうしても目先の資金繰りにばかり追われてしまいがちですが、資本政策は本来、中長期の視点でも組むべきものです。ここまでで導いてきた、中長期計画や事業計画と照らし合わせながら、その時々で必要となる資金をどのように用立てるかを検討しておきます。

創業期は、とにかく自分でお金を用立てねばなりません。あらかじめお金を貯めておくか、個人として借金するか、あるいは起業家向けの支援金などを活用してもいいと思います。事業をしていくなかの資本政策の基本としては、まずしっかり税金を納めることを考えるべきです。そのうえで残ったものが内部留保、すなわち資産として貯まっていくわけで、そのスピードをいかに上げるかが事業拡大のペースを左右します。

創業時、一刻も早く会社を大きくしたいなら、自分がひたすら働くというのが最も手っ取り早いです。少しでも多く売上をつくり利益を出していく、給料を限界まで減らして会社に還元するなど、努力するほど資産も積み上がっていきます。

資産を貯めて信用も出てくれば、銀行との付き合いが始まるはずです。また、事業が個人では回らなくなり組織が必要な段階になれば、きちんとした予算管理が求められます。自分の判断だけではなく、銀行や会計士、コンサルタントなど、資本政策について相談できる相手を外部にもっておくと心強いです。

こうして、目の前の資金繰りに加え中長期のビジョンに基づいた資本政策についても経営計画書に書けば、かなり内容の濃いものになります。

地域に根差す金融機関との取引から情報を集める

中小企業において、事業拡大には欠かせない存在といえるのが銀行です。したがって銀行との付き合いも重要な資本政策の一つといえます。

私は創業時から銀行との付き合いを大切にしてきました。経営計画と決算結果を持って年に1度か2度は自ら銀行へ足を運び、きちんと説明をしてきました。経営者のなかには、銀行との交渉を面倒に感じるのか、お金が必要なときだけ連絡を入れるような人もいますが、それではいけません。どんな事業も、手形や口座も含めた銀行の仕組み、そして助けがあるからこそ継続していけます。銀行とはいわば協力業者の一つであり、そうして世話になっているのを忘れてはなりません。そんな相手に対し定期的に報告を入れるのは当たり前の話であり、逆にいうと銀行から信頼してもらうためにも安定した経営を心掛ける必要があります。

私が起業したとき、自らの給料を月3万円に設定しました。それだけではなく、創業メンバーである岡室の給料もまた3万円としました。初任給が12万円ほどの時代ですから、かなり安い金額です。なぜこのようにしたのかというと、決算を赤字にしたくなかったからです。赤字会社には銀行はまずお金を貸しません。最初はたとえ自分の給料を削ってでも販売促進費や売上のための投資を優先し、そのうえで黒字化を達成し、社内留保を増やしていくというのが健全な経営のあり方です。

なお、地方での事業拡大を目指すにあたっては、地域に根差す金融機関をメインにするというのが有力な選択肢となります。地域にある金融機関は土地の事情に通じ、有益な情報も集まってくるからです。地域で開業している地方銀行や信用組合の洗い出し、目ぼしい金融機関へ預金口座の開設を申請すれば、金融機関は法人口座開設の前に必ず自社にチェックにやって来ます。その際に事業内容や業績の概要を伝え、自らが融資先候補であると印象付けます。それがファーストステップです。

付き合う金融機関の数は多ければそれだけリスクヘッジになると考える人もいますが、一方で労力もかかります。中小企業なら3社ほどに絞り、その分しっかり向き合うほうがいいと思います。さらに可能であれば都市銀行を一つは入れておくべきだと思います。

私は新たな事業の発足や拡大計画の際には、必ず都市銀行に足を運んで担当者と会い、その反応を見るようにしています。都市銀行で経営者の相手をするような銀行マンは、事業に対する鋭い嗅覚を備えているものです。そんな彼らが前向きに聞いてくれるようであれば、その計画はプロの目から見ても間違っていないと判断できます。逆に顔をしかめたり、言葉少なだったりすれば、計画のどこかに課題が潜んでいると考えるべきです。

このように最初から銀行との関係性を良好に保ち、着実に資本政策を積み上げた先に、第三者からの融資、株式公開といった未来があります。

拡大の目的が上場になってはいけない

事業拡大における一つの区切りとなるものが上場です。株式上場は、その審査を通過するための準備に数年もの時間とコストがかかるのが一般的で、経営者が対応すべきことが山ほどあります。

しかしその分、もちろんメリットもあります。多くの経営者にとって、株式上場の最大の目的は資金調達となります。株式を新規発行して投資家に買ってもらうことで市場から直接資金を得られるようになります。ただ、だからといって自社の借金返済のためや資金繰りの改善のために上場を目指すというような考えでは、まず間違いなく長続きしません。自らが投資する立場となればよく分かることですが、この先も長く利益を生み続けると思えるような会社でなければ投資家は資金を預けないからです。

また、上場によって社会的信用が高まるのもメリットです。上場するには厳しい上場審査基準をクリアせねばなりません。それらを満たしているということ自体が信頼につながります。その結果、新規開拓がしやすくなるなど、新たなビジネスチャンスも生まれるはずです。併せて銀行からの借り入れもしやすくなります。そうして資金の調達手段を複数もてば、より経営が安定します。

そのほかに、優秀な人材が確保しやすくなるという効果もあります。就職希望者にとって上場企業かどうかは重要な基準です。それとともに既存の社員たちも、上場企業で働いているというやりがいや誇りを感じ、生産性の向上が期待できます。

一方でデメリットも存在します。非上場との大きな違いは、株主の存在です。それまでは基本的に経営者や執行部の意思決定で会社を運営してきたところから、株主という新たな存在が経営に口を挟むようになることで、経営の自由度が下がる可能性があります。

上場後には、会社の評価が株価に左右されやすくなります。株価が順調に推移すれば株主からは高く評価され、投資家からも注目される一方で、株価が低迷すれば批判にさらされ、株価上昇の対策を迫られる可能性があります。

株式を公開しているというのは、基本的に誰でもその株を購入できる状態であり、企業買収のリスクがついてまわります。競合他社などが株式の買占めに乗り出すといった事態も想定されますから、注意が必要です。また、上場を維持するためにかかるコストにも注意すべきです。監査法人に支払う監査報酬や、情報開示に備えた社内体制の維持、株主総会の運営など、数千万円から1億円程度のコストが発生します。

上場を目標に事業を拡大していく経営者は多いですが、上場自体が目的になってしまってはいけません。この意識は何よりも重要だと思います。メリットとデメリットを天秤にかけ、自社にとって本当に上場が最善の道なのかを慎重に検討すべきです。

私の場合、ベースは家内工業だった実家の商店であり、このままでは成長できないという思いから、友人を誘って資本参加してもらい、株式会社をつくりました。そこから成長市場を予想しホームセンターに照準を絞るわけですが、市場の成長に合わせて自社も拡大を図ろうとするなら、それなりの経営資源をそろえねばなりません。したがって零細企業の段階から、中堅企業と同じような経営戦略を立てていました。例えば資本金1000万円の頃、数千万円を投資して商品カタログを作ったのもその先を見据えてのことであり、そうして一段階上のスケールで経営計画をつくり、実行していくことで中小零細から中堅企業へと成長できたのだと思っています。逆にいうと、経営者が家内工業や零細企業でも対応できるような小さな企てしかできないようであれば、事業拡大は難しいです。何もかもが中小企業で収まってしまえば、上場までたどり着かないのです。

上場を目指すなら、日頃からそれを踏まえた仕組みや組織づくりをしておくことです。それが会社の成長を後押ししますし、最終的な上場時の準備も楽になります。監査法人による監査を受け、第三者が見ても分かるような業務システムのフローチャートを作っておくなど、日々の積み上げが最後に効いてきます。

上場をするうえで最も重視すべきことは、何よりもまずその会社の成長性、収益性です。もちろん参入する市場の将来性や成長性も問われます。そのうえで利益をしっかりと出し続けられるかです。安定した利益が上げられない会社には投資は集まりません。自社が十分利益を出せると示し、それを実現するには、ここまでで解説した経営計画が重要となります。上場を見据えた経営計画とは、いわば投資家から預かった資金を十分に活かし、利益を還元できる準備をすることともいえます。それができれば、未上場であってもベンチャーキャピタルなどの投資対象となり、サポートを受けられるはずです。

なお、ベンチャーキャピタルからの投資話に舞い上がり、喜び勇んで投資を受ける起業家がいますが、投資受け入れの判断については慎重にならねばなりません。一度投資を受ければ、その出資金は簡単に抜くことができず、会社が利益を上げてきた際に利益に応じた形で買い戻す必要が出てくるなど、大きな出費になりかねません。そういう事態を予防するためにも、資本政策を整えておく必要があるのです。

［第2章］

〈戦略2：マーケティング〉

情報収集なくしてヒット商品は生まれない

欧米、アジアを飛び回り、業界の最先端をキャッチする

海外市場の情報を集め、日本の未来を読み解く

私は自分について、頭がいいとか、天賦の才能があるなどと思ったことはありません。しかしそんな私が唯一、人よりも強いと感じるのが情報収集能力です。この能力がなければ、事業における「天の時」、すなわち飛躍のチャンスをつかむことはできなかったと断言できます。

思えば学生の頃からずっと経済に興味があり、日経産業新聞を読み続けてきました。それにより業界の情報は業界紙に集約されていると知っていたので、創業時に新たな事業を興そうと考えた際にも、業界紙を当たってみるのがいちばんだろうと考えました。

そして東京から持ってきた一冊の職業別電話帳を開き、業界紙の欄を見て気になる業界紙を取り寄せていきました。結果として家具の情報誌の中に書かれていたホームセンターの情報に着目することができたのです。

当時よく出展していた展示会でも、積極的に業界の情報収集をしていました。3日も同じ会場に集まりともに過ごしていれば、ほかの出展者と顔なじみになります。そこで、ど

ういうところで売るものなのか、どういったルートで仕入れているのかというような質問をどんどんしていきました。時に嫌な顔をされたり、素人扱いされたりしましたが、自分が知らないことをその分野について詳しい人に素直に聞くというのは最も効率の良い情報収集のやり方の一つです。

　また、創業間もない小さなベンチャーが参入すべきなのは、成熟した市場よりもこれから成長する市場であると思っていたので、その成長の兆しをつかむために常にアンテナを張り巡らせていました。最も参考にしたのは海外市場です。特にアメリカで流行したものは10年や20年遅れて日本にやってくるというのが定説となっており、そこに目をつけて成功した経営者は数多くいます。例えばセブン-イレブンを立ち上げた鈴木敏文氏は、1973年にイトーヨーカ堂における新事業の責任者として外食レストランとの交渉のためアメリカを訪れ、そこでコンビニエンスストアという新たな業態の発展を見て取り、日本でビジネスになると直感し、さっそくセブン-イレブンとの提携交渉を行ったといいます。ほかにも、アメリカのファストフード文化に目をつけマクドナルドを日本に持ち込んだ藤田　田氏や、スーパーマーケットを世に広めたダイエーの中内　㓛氏など、成功例は枚挙にいとまがありません。

そんな先達たちを見習い、私も文化や歴史、環境などについて先進のヨーロッパやアメリカを中心とした海外市場に常に目を光らせ、事業の種を探し求めていたのです。その努力が一つの形を取ったのは、1984年のことでした。ホームセンター業界の海外視察に同行し、実際にアメリカという国をこの目で見たのが大きな転機となりました。

アメリカを視察し、DIY・HC市場の成長を予感

視察団は、2週間ほどかけてロサンゼルスからニューヨークへとアメリカを横断しました。ホームセンターを中心に回ったわけですが、私の目を引いたのが「ホーム・デポ」という会社でした。

ホーム・デポは、それまでアメリカで栄華を誇っていたバラエティ型のホームセンター、すなわち日用品から園芸用品、ペット用品、アウトドアグッズまで幅広く扱うような店とは一線を画す存在でした。そのビジネスモデルはいわゆるカテゴリーキラーと呼ばれるもので、扱う商品を特定の分野に限定し、そのなかでの品ぞろえを充実させ、かつ低

価格で販売する大型量販店でした。ジャンルを絞って商品を大量に仕入れることで販売価格を抑えているため、それらについてはホームセンターよりも大幅な値引きができるのが強みで、時に市場から競合他社を駆逐するほどの影響力をもっており、その名のとおりまさに「殺し屋」です。私はライフスタイルの分野において、カテゴリーキラーの登場による小売業態の大変革期を目の当たりにしました。

実際にホーム・デポは1979年にアトランタで最初の店舗をつくって以来快進撃を続け、ホームセンター業界に甚大な影響を与えつつありました。視察団の同行者によれば、すでにホームセンターの一部がホーム・デポに置き換わっているといいます。

私はにわかに興味を覚えました。そこから情報収集を始め、いろいろと調べてみたところ、興味深いことが分かりました。例えば従業員はほぼ全員が正社員で、しかもその道の専門家です。プロの業者に向けて求人を出し、採用後も徹底的に自社で研修することで、どんなマニアックな客にも対応できるよう質の高いスタッフを配置しているといいます。

経営者自身も、特に店が混雑する日曜日に必ず売り場に立っていて、店を訪れる人々に対し積極的に声掛けをしていたそうです。もしそこで相手が求める商品を取り扱っていなかったなら、仕入れの担当者は叱責されます。わざわざ店まで足を運んでくれた客に対して、これだけ広い売り場がありながらどうしてその要望に応えられないのか、どうして欠品なのか、強く理由を問われたそうです。人材の採用と育成、在庫管理に至るまで徹底した顧客目線を貫くその姿勢に、私はホーム・デポが成功した理由の一端を見て取りました。

そんなホーム・デポがメインで扱っていたカテゴリーが、ライフスタイルの分野におけるカテゴリーキラー、すなわちＤＩＹでした。この形態はアメリカではまだ目新しく、ＨＣ（ホームセンター）市場もさほど大きくありませんでしたが、私は大いなるビジネスチャンスを感じました。

当時の日本では、ハウスメーカーがプレハブ住宅の開発を進めており、住の流通革命が起きる気配がありました。住宅の工業化が進めばその売値は下がり、対照的に人間の手が必要な部分の価格が上がります。実際に住宅業界では人件費の高騰が始まり、例えば庭師や大工といった専門家に、庭木の剪定や住宅の修繕などを依頼するにはそれなりのコストがかかるようになっていました。このまま住の流通革命が広がって専門家に依頼するコストが上がれば、いずれ家のメンテナンスを自分で済ませようという流れが起きることは明白に思われました。ＤＩＹ・ＨＣの庭住まいという文化は間違いなく日本にも入ってくるはずだと思えたのです。

それこそが、私がアメリカ視察で得た最大の情報でした。１９８０年代半ばの日本はホームセンターが徐々に増えてきた段階で、アメリカの最先端の文化であったＤＩＹという言葉など影も形もありませんでした。しかしアメリカの流行は10年から20年後に日本にやってくるものでしたから、ホームセンターの勃興からＤＩＹ市場の創出、そして拡大という歴史は必ず日本でも繰り返されると私は確信していました。

ですからまずはホームセンターへの営業に力を入れつつ、ＤＩＹという新たな市場の誕生に備えて、徐々に取り扱う製品を増やしていきました。そして、やがて日本でも起こると予想される庭住まいのライフスタイルへの変革に向けて、カテゴリーキラーとなるための戦略を考えていったのです。

中国で果たした、奇跡の出会い

そうして以前から海外の動向に注目し、マーケティングを繰り返してきた理由は、国内においていち早く成長市場を見つけるということだけではありません。創業当初からの念願であった、「地方から世界へ」という飛躍を実現するための布石でもありました。

海外進出の第一号となったのは、中国の広東省です。ある日、会社に一通のファックスが届きました。送り主の住所が広東省とあったので、なぜ中国からいきなりファックスがきたのかと私は驚きました。送り主は中国でガーデニング資材を製造しているとのことで、ぜひ取引がしたいとあります。そして、深圳《しんせん》駅でお会いしたいという言葉に指定の日付だけが書き添えてありました。

1990年代には、当然今のようなネット環境は存在せず、情報はそのファックスに書いてあることがすべてで、送り主が果たして男か女かすらはっきりしませんでした。また、中国語どころか英語もろくにできない状態ですから、普通ならそのファックスは無視するだろうと思います。しかし私はすぐに、承諾の返事をファックスしました。そしてその後、本当に香港経由で単身、中国へと入ったのです。

なぜこうした行動に出たのか言葉にするのは難しいのですが、もともと中国市場に興味があったのと、何かうまくいきそうな気がするという直感が働いたとしかいいようがありません。今思えばずいぶん無鉄砲なことをしたものです。

深圳駅に着いてみると、ずいぶんと巨大な場所で面くらいました。中国語も読めず、何がどこにあるのかまったく分かりません。ファックスには駅で待つとあっただけで具体的な待ち合わせ場所すら決めていませんでしたから、こんな大きな場所だとは思いもよらず、かなりあわてました。

とにかく駅を歩き回り、4時間ほど経ったところで限界がきました。場所も相手も分からないのだからどうしようもありません。もういい加減に諦めて帰ろうと駅を出かけたところ、とある改札の前で「高岡先生」と書いたプラカードを持っている男性が目に飛び込んできました。私はその男性に走り寄り、「アイアム、タカオカ！」と興奮気味に自己紹介しました。

そしてがっちりと握手を交わしたその相手こそ、のちに広東タカショーの社長を務めることになる陳さんでした。これはあとから聞いた話なのですが、陳さんはかつて日本人と取引した経験があり、そのときはだまされて痛い目にあったそうです。資金のほとんどを失ったなか、なんとか一旗あげようと経済特別地域である深圳に出てきましたが、なかなか芽が出ずもがいていました。そして日本人との取引の折にたまたま目にしていた社名とその番号を思い出し、縋る思いでファックスを送ったといいます。当時の中国はインフレの傾向があり、海外にファックスを送るにも高い人民元がかかりました。陳さんは手元にあった最後の十元で送信したため一枚しか送れず、具体的な待ち合わせ場所などを決めることもできなかったのです。それを考え合わせれば、本当によく巡り合えたものです。

苦労したかいがあり、陳さんとの商談は実に建設的でした。主力商材であった竹垣に用いる焼き丸太や杭、さらには棕櫚縄までたくさんの材料を彼は取りそろえており、その価格は日本より圧倒的に安かったです。その場ですぐに話はまとまりました。まず間伐材でできた杭や支柱の輸入から始め、次第にフェンスや花壇、ウッドデッキといった大型の商品も作ってもらうようになりました。そして1996年8月、こちらが49％出資する形で広東省広州市に現地法人を設立し、ついに海外進出を果たしたのでした。

中国広東省広州市に開設された広東タカショー

とはいえ海外とのビジネスはそう簡単なものではありません。私の場合も、文化の違いや品質の問題など課題も多く、一筋縄ではいきませんでした。試行錯誤の日々でしたが、仮に広東での事業が失敗に終わったとしても諦めがつくほどの大きなアイデアを私はすでに思い描いていました。中国には、日本だけではなく世界中からバイヤーが買い付けに来ていました。ガーデニング分野では、特にヨーロッパからたくさんのバイヤーが集まっており、それを見たときにひらめいたのです。

広東で作ったものをヨーロッパで販売すればいい。そのアイデアから、ヨーロッパ進出計画が動きだしました。

現地に足を運び、行動することで道は拓ける

ガーデニングの本場であるヨーロッパの動向に、私は早くから興味をもっていました。世界最大級のガーデン関連の見本市「spoga + gafa」をはじめとした大規模な展示会には毎年出掛け、ガーデニングに対する熱を肌で感じていました。

ヨーロッパで、ガーデニングは歴史や文化と密接に関わるものです。ガーデニングは、貴族の館や修道院で身体に良い薬草を何種類も植えていたことに始まるとされています。英語の「ガーデン（garden）」は、ヘブライ語の「囲まれた（gan）」と、「天国のような場所（eden）」が語源となっています。そこから考えれば、特定の場所に木々や草花を植え外から遮断された空間をつくり上げる一連の作業は、エデンの園の再構築の暗喩にも思えます。この一事をとっても、ガーデニングという行為がヨーロッパの人々にとっていかに大切な営みであったかが想像できます。その思いは悠久の時を超えて現在にも受け継がれ、フランスやイギリス、イタリア、ドイツなど各国でガーデニング文化が花開いている

のです。

そんな背景があるからこそ、そこには安定した市場があります。私がまず目指したのは、当時の主力商品であった人工竹垣の輸出でした。思いついたら実行せずにはいられないのが私の性分です。さっそく海外の展示会に人工竹垣を出展したところ、物珍しさから多くの人が立ち止まり話題となりました。それで手ごたえを感じるとともに、たくさんの現地のガーデニング関係者とつながったことが、私の背中を後押ししました。

ドイツのガイルドルフ市に有限会社タカショーヨーロッパを立ち上げたのは1999年のことで、それが中国に続き2つ目の海外拠点となりました。設立時からその役割は明確で、2つありました。まずは日本独自の庭の文化をヨーロッパへと広めるハブとなること、そしてヨーロッパのガーデニング文化を日本へ持ち込むことです。

なお、商品については当初からの予定どおり広東で製造して、日本を経由することなく直接現地へと持ち込みました。最初こそなかなか売上が伸びずに苦戦しましたが、日本から支援のための人材を派遣するなどのさまざまな施策で次第に現地とのコミュニケーションがうまくとれるようになり、優良会社へと成長していきました。

この2つの拠点ができたことで海外進出は加速し、その後もアメリカ、オーストラリア、韓国、ベトナムなど世界各国にネットワークを広げています。

なぜ私がこうして地方から世界へと事業を拡大できたのかというと、そのいちばんの理由は足を使った情報収集にあると思います。インターネットでリアルタイムに世界がつながっている現代では、あらゆる情報がネットに集約されていると勘違いしている人をよく見かけます。確かに既存の知識やすでに体系化されている物事を把握するにはインターネットが便利です。しかしビジネスにおいて、例えばこれから成長するであろう市場を探し、誰もやったことのない新規事業のヒントを得ようとするなら、インターネットだけでは不十分です。仮にネット上が世界を変えるような革新的な情報で溢れかえっているなら、誰でも簡単に事業をつくり、成功できるはずです。逆にいえば、本当に貴重で大きな価値をもつ情報は、まずネット上には落ちていません。それらをもっている人々が、わざわざ世界に向けて無料公開する理由などどこにもないからです。

では、事業において真に有益な情報を得るにはどうしたらいいかというと、行動するしかありません。まずはやってみよう、行ってみよう、話してみようという精神で現地に出掛けるのが大切です。私がアメリカ視察に出掛け、創業間もないホーム・デポという存在を通じてＤＩＹ市場の成長を予測できたのも、現地に行かなければできないことでした。

また、一般的に知られている情報と現実とが乖離しているケースもよくあります。例えば私は以前、中国で開催される対外輸出見本市である広州交易会に関心があったのですが、その頃の中国市場はまだまだ開かれてはおらず、日本では、招待状がなければ参加できないといわれていました。しかし実際に行ってみれば、お金を払うだけで簡単に入場券が手に入りました。

このように、現地に行かねば知ることができなかった情報や、実際に足を運んで初めて分かることなどは本当に多く存在します。特に海外展開を考えるなら、ひたすら足を運んで人脈をつくり、現地だからこそ手に入る生きた情報を集めていくのが大切です。その先にこそ、新たな事業の可能性が眠っているのです。

いかにして海外現地法人をつくるか

私は海外進出にあたり、状況に応じて戦略を使い分けていました。進出国に法人を設立して海外に自社の拠点をもつ方法だけではなく、法人設立せずにオフィスだけを構えて情報を集めたり、現地企業への委託生産を行ったりといった具合です。国外への事業展開を考えるうえで、海外進出するための主な手段はいくつか考えられます。

まず、最もハイリスクハイリターンといえる戦略が現地法人の設立です。コストがかかるうえ、進出した国の税率が適応されるなど法律体系も異なり時にそれが大きな壁となりかねません。その代わり成功すれば得られる実りは多く、その国に根を下ろして事業を展開できるようになる可能性があります。

なお、海外現地法人の設立には独資と合弁の2つの方法があります。自社による100%出資で子会社を設立するのが独資です。完全子会社なので経営のかじ取りをしやすいというメリットがありますが、運営のインフラ整備から生産管理まで基本的にはすべて独力でしなければならず、労力がかかります。進出にあたり相手国の規制がかかることがあり、事業によっては100%外資での企業設立が認められないケースも存在します。

一方の合弁は、現地企業などと共同出資を行って合弁会社を設立するやり方です。現地企業のコネクションやインフラ環境を活用して事業ができますが、その分経営の自由度は独資に劣ります。こちらも事業によっては外資の出資比率が制限されていることもあるので、確認が必要です。ちなみに私は人とのつながりを重視し、信頼できる相手を見つけたうえで現地法人を任せるという戦略をとってきたので、合弁会社を主体としてきました。

現地法人設立よりもリスクを抑えて事業をしたいなら、日本の本社と同一法人という形で支店を立ち上げるという手もあります。これはいわば社内の部署が一つ、海外に移転するイメージです。支店の売上は日本企業の所得として扱われ、法人税の申告も日本で行います。

仮に相手国のほうが税率が低くとも、そちらを選ぶようなことはできません。日本の税金は世界的に見て高く、海外支店設置のデメリットになりやすいです。しかしその一方で、本社と同一の定款や社内規定を流用できるため、設立までの手続きが比較的簡単に済みます。また同一経営ということでもし海外支店が赤字を抱えてしまった場合にも本社でその損益を相殺できるというメリットもあります。

現地法人や支店の設立の前段階として、まず視察や市場分析を行う拠点をつくりたいなら、駐在員事務所を置く方法があります。駐在員事務所には現地での営業権がなく、そこで事業を行って利益を上げることは許されていませんが、その分登記などの法的な手続きも必要ありませんから比較的気軽に設置できるはずです。

ここまでが、主に自らハンドリングして現地で事業を展開する方法となります。

海外進出の選択肢は幅広く検討

それ以外に、現地企業と販売店契約や代理店契約を締結して進出するという方法もあります。すでに販売網のある地場の企業を活用することで、短期間で利益を上げられる可能性がありますし、取引先の信用リスクやカントリーリスクも軽減されます。

ただしリスクが少ない分大きなリターンも得づらく、当然ながら販売店や代理店には相応の支払いが必要となり、利益は減ります。また相手国の顧客と直接やり取りすることがないためニーズの把握やノウハウの蓄積が難しく、より踏み込んだ展開につながりづらいという面があります。なお販路という観点でいえば、国内の商社や輸出業者などを通して海外事業者と取引できますが、やはり中間マージンが発生するため利益率は下がります。

海外へのフランチャイズ展開という手法もありますが、これは業種やマーケットを選びます。フランチャイズというビジネスモデルを活用し、海外で最も成功を収めている業界の一つが、飲食業です。うどんやラーメンといった日本らしいグルメを扱うチェーン店には成功例がいくつもあります。

海外でのフランチャイズ展開にあたっては、日本企業が本部、海外店舗は加盟店という関係で、海外マーケットからロイヤリティを徴収するわけですが、これにはフランチャイズならではのメリットがあります。まず、資本や人材をそろえるのは基本的に加盟店側、すなわち海外の企業の役割であり、日本の本部から大きな資本を投下せずとも店舗展開が可能です。また、2023年の秋現在は歴史的な円安が続いていますが、ドルをはじめとした海外の通貨による支払いがなされれば、結果として円換算での利益率はより高まります。

「クロスボーダーM&A」の活用を考える

そのほかに、近年注目を集めている海外展開の方法の一つとしてクロスボーダーM&Aがあります。これはM&Aの当事者のうち一方が海外企業である取引のことで、国内企業による海外企業の買収をIn-out取引、海外企業による国内企業の買収をOut-in取引といいます。

　コロナ禍で経済活動にブレーキがかかる以前の2019年までは、クロスボーダーM＆Aの件数は年々、増加傾向にありました。特にアメリカへの進出が多く、全体の30％ほどで推移してきました。アメリカはM＆Aが日本よりも一般化している先進国であり、そのプロセスもすでに洗練されているため買収がスピーディに進むことが多いです。

　加えて、シンガポールを筆頭とした東南アジアへの進出も目立ってきており、大企業だけではなく中小企業もその市場に参画しています。なぜシンガポールでの取引が多いかというと、東南アジア地域で事業を展開する企業の多くがシンガポールにホールディングカンパニーを構える傾向があり、買収対象となる企業の株式を所有しているのがシンガポール国籍の企業であることがよくあるためと考えられます。また、東南アジアの各国に比べて法的な透明性が高く、比較的M＆Aを進めやすいという理由も挙げられます。

　とはいえアメリカやシンガポールを含め、クロスボーダーM＆Aを行うにあたっては越えねばならないハードルがいくつか存在します。まず立ちはだかるのが、国ごとに異なる規制や法制度です。例えば環境関連の規制や個人情報保護法が日本と違うことで、展開できる事業の幅が大きく変わってくるはずです。規制や法制度に関しては、M&Aを検討する初期段階から専門家などの知恵を借り、把握しておく必要があります。

M&Aを進める際のスピードについても地域ごとに特色があります。アメリカなどでは日本に比べM&A成立までの時間が短い傾向があり、日本企業にも相応のスピードが求められるケースが多いようです。もし意思決定でぐずぐずしていれば、ほかの候補との競争に敗れる可能性が高まります。逆に東南アジアの新興国ではM&A市場がまだ成熟していないことも多く、情報開示やプロセスの提示といったステップごとにそれなりの時間を要する印象です。M&A戦略を描く段階で、果たしてどれくらいの時間がかかりそうか、過去の案件などをさかのぼって標準的なスピードを調査しておく必要があります。

言葉の壁については、基本的なやり取りは英語で行うことになるはずで、相手から受け取る書類をはじめ、交渉から契約まで英語で進める必要があります。これはM&Aに限らず海外進出の前提ともいえるものであり、もし自身の英語力に不安があれば、ビジネス専門の通訳や英語が堪能な人材の雇用といった対策が求められます。

また、文化の違いが取引にダイレクトな影響を及ぼすこともあります。例えばアメリカとの取引においては、最終契約書のひな型作成の段階だとほぼ例外なく、相手が圧倒的に有利な条件を提示してきます。これを真に受け、仕方がないと飲み込んでしまったり、到底受け入れられないと交渉を打ち切ってしまったりすると、M&Aでの成果は望めません。この最初の条件はいわば通過儀礼であり、そこから交渉によって落としどころを探っていくというのがアメリカ式です。まずは自らの権利をしっかり主張し、そこから交渉に入るというのはアメリカのコミュニケーション文化でもあります。それを知らずにアメリカ市場に参入しようとすれば、時に損をしかねません。

コミュニケーションという点でいうと、細かい話ですが時差についても一考が求められます。東アジア圏ならさほど大きな時差はありませんが、アメリカやヨーロッパでは大きな時差が生じます。ビジネスのオンタイムがほとんど重ならないことからプロジェクトなどの遅れも生じやすくなり、やり取りの仕方を工夫しなければなりません。

製造委託を行う手法、「ODM」と「OEM」

製造業においては、海外進出を検討する最も大きな理由となるのが生産コストの削減です。自社製品や部品の生産を、より生産コストの低い国へと移すことができれば利益率の向上につながります。海外に生産拠点を構えるにあたっては、現地に自社で工場をつくるか、現地企業に生産を委託するか、どちらかを選ぶことになります。

自社工場の建設にあたっては、現地法人設立の手順を踏むことになります。相手国のどこに工場を建設するかについては、すでにその国のことがよく分かっているなら独自に土地を購入するのもいいですが、不慣れなら日系企業がデベロッパーとなっている工業団地を検討するほうが安心です。

当然のことながら、工場建設は会社にとって大きな投資となります。土地の広さや価格、建築条件、投資優遇政策といった基本的な情報だけではなく、物流動線、労働者の確保状況、自然災害リスクなどさまざまな角度から慎重に検討する必要があります。

自社製品や部品の生産に協力してくれる委託先を探し出して、現地委託生産を行う場合、大きく二つの方法があります。

製品の開発、生産を委託先に任せ、自社は企画と販売のみを担当するのがＯＤＭ（オリジナル・デザイン・マニュファクチャリング）です。最大のメリットは、自社に業界の知

ODMとOEMの違い

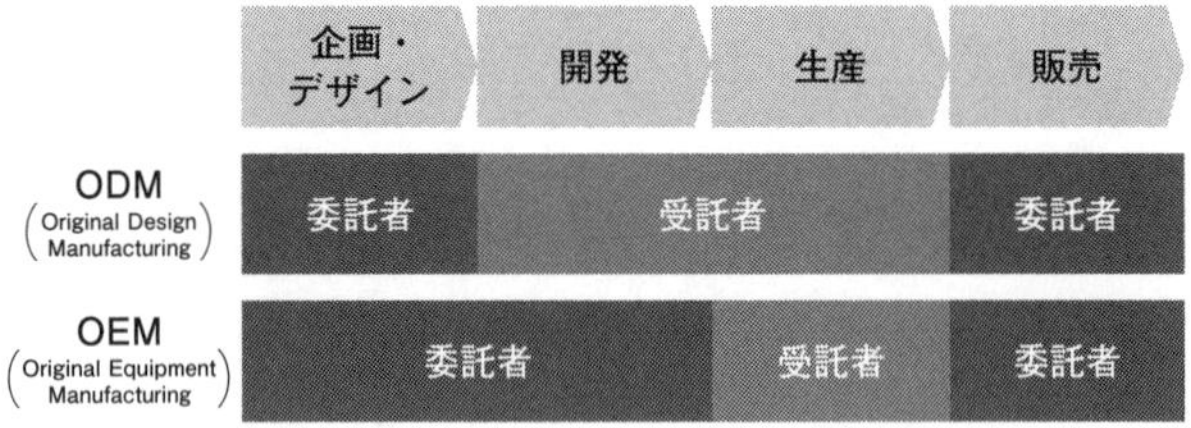

識や技術、ノウハウがまったくなくともオリジナルブランドの製品を製造販売できることです。しかし生産工程の部分を相手にゆだねているため品質や販売価格の主導権を握るのが難しく、外注費も高くつきます。

それに対し、製品の企画、開発、そして販売は自社で担い、生産工程のみ委託するのがＯＥＭ（オリジナル・エクイップメント・マニュファクチャリング）です。自社に生産能力がなくとも製造を委託でき、設備投資や人件費といった初期投資がかかりません。ただし、自社の技術を相手に提供するわけですから、そのノウハウが流出しないよう十分な注意が必要です。特に海外は、日本ほど安全ではありませんから、秘密保持契約の締結は確実に行っておかねばなりません。

［第3章］

〈戦略3：製品開発〉技術のアップデートを絶やさない業界初、AR&CGシミュレーションが可能なクラウド連携型アプリを開発

デジタル×観光で地方創生「リンクドシティ」

突然世界を襲ったCOVID-19、いわゆる新型コロナ禍のなかで、日本中で大きくDX（デジタルトランスフォーメーション）が進みました。

私の会社のグループ内でも、もともとあるデジタルデータや加工技術などのノウハウを蓄積し、デジタルカタログの制作、それに関わるスタッフ、そしてAutoCAD(Computer Aided Design）による図面作成やITに携わる若い集団がおり、彼らを中心として先進的な事業部の再構築を進めてきました。同時に、グリーントランスフォーメーション、いわゆるGXの部門の構築も推進していきました。政府によるデジタル田園都市国家構想の推進から、地方にもDX化の波がやってくることが予測されており、私の会社でもこういった政府の取り組みに着目し、DX化とGXにチャレンジしています。

日本において、個人がスマートフォンを使いこなし、創造性を拡張するという点については諸外国に比べ劣っているとは思いません。問題はそれ以外の領域で、特にBtoBや官公庁、行政サービスの領域は残念ながらDX化で世界に後れをとっています。

この状況を抜け出すには、経営者がＤＸを自社のビジョンと結びつけて考えることが重要です。テクノロジーを使うことを目的化せず、自社の強みや「何をしたいのか」をまず明確化し、何をどうすればもっと成長できるのかを徹底的に考え、その実現手段としてデジタルを活用すべきです。

私の会社において力を入れているのは、ＶＲ（仮想現実）、ＡＲ（拡張現実）、ＭＲ（複合現実）といった仮想世界と現実世界を融合して新たな体験を創出する、ＸＲ（クロスリアリティ）の活用です。ＸＲによる「リアルとバーチャルのハイブリッド化」を住宅・リフォーム業界やガーデンエクステリア業界にも浸透させる必要性を感じ、専門の子会社を立ち上げ取り組んでいます。

そのなかで、現在最も注力しているプロジェクトの一つが「リンクドシティ」です。リンクドシティとは、地域の観光を起点として地方創生につなげるスマートシティ構想のことで、「移動」「物流」「支払い」「行政」「医療＆介護」「教育」「エネルギー」「環境・ゴミ」「防災＆緊急」「防犯＆安全」など都市ＤＸの観点でさまざまな課題解決を図ります。

このプロジェクトは、国際観光施設協会を中心に、ソニーマーケティング、パークホームズなど88の企業と5つの協会団体によって行われ、タカショーもその名を連ねています。目標としては「デジタル田園都市国家構想」への貢献、「共創」による新しいビジネスの形、「DX」による地域課題解決および新産業創出の3つを掲げています。

具体的には、テクノロジーを主に観光面で活用し、例えば宿泊施設のテレビを通じて、町の観光名所やランドマークといった情報が共有され、さらには乗換案内アプリに代表されるMaaSなどとも連携してよりスムーズに観光ができるようにするなど、各社の強みを活かしつつ連携した取り組みがいくつも生まれています。

私の会社が参画している「スマートヴィレッジ企画」では、電動モビリティのEVチャージ拠点やIoT技術を搭載したトレーラーハウスの展開などを通じ、再生可能エネルギーを活用した新たな地域の実現を目指しています。この取り組みによって新時代の平屋住宅として「GXホーム」という移動式住宅を提案、開発しました。

GXホームは最新の家電機器や設備、情報アプリと連携して豊かな生活を送るためのスマートモバイルホームです。私の会社がもつガーデン&エクステリア・テクノロジーによる風・光・水・緑・心をコンセプトとしたパッシブデザインアイテムを標準採用すること

快適な暮らしを実現するトレーラーハウス「GX ホーム」

← GX ホームについて詳しくはこちら

により、環境負荷と精神負荷の低い、真に快適な暮らしを実現しています。

住宅利用だけではなく、宿泊、店舗、事務所、サテライトオフィス、地域コミュニティ施設としても使えます。住宅のような基礎をもたない、いわゆるトレーラーハウスなので、フレキシブルに設置できます。リンクドシティにおいても、例えば街の要所に設置して観光情報を展開するなど、さまざまな活用方法が想定されます。

また、オフグリッド（送電網に未接続な状態、住宅内で使用する電力を自給自足する）に対応したソーラーパネルの装備も可能で、ＧＸに対応した新しいライフスタイルと住まいの形となっています。

温室効果ガスを発生させる化石燃料から太陽光発電などのクリーンエネルギー中心へと転換し、経済社会システム全体を変革しようとするＧＸの取り組みもまた、新時代を語るうえでの重要なキーワードといえます。こうした未来に向け、行政や大企業の取り組みの先端で事業を展開していくには、デジタル技術を自社に取り入れるのはもちろん、それを活かしたオリジナリティの高い商品が求められます。

中小企業が狙うべきは、ニッチ市場

ビジネスで地の利と天の時が重なったとしても、商品やサービスそのものの質が低ければ当然、成功はできません。モノで溢れている現代では特に、平均的なレベルの商品やサービスを展開してもなかなか目を引くことができず、埋もれていってしまいます。商品開発においては、自社の技術を常にアップデートしながら、その業界ではまず類を見ない

人工竹は自社で製造することで繊細な表現が可能になった

←人工竹について詳しくはこちら

という独自性を追求し、差別化を図る必要があります。

　商品開発において私が心掛けてきたのが、人のやらないことをやる、そしてできることはすべて自社でやる、という点でした。創業初期の飛躍のきっかけとなった人工竹垣は、まさに人のやらないことをやった典型例です。現場の職人たちからは拒絶され、毛嫌いされていた人工竹垣ですから、そもそも当時それを庭用に作ろうと考えるライバルがいませんでした。

　人工竹自体はすでに存在しており、葬儀用などに使われていました。私も初めは既存のメーカーに発注して作ってもらっていたのですが、ほどなくして内製化に切り替えました。仕入れ値と材料の原価を比べれば大きな差があり、製造設備への投資を差し引いても自社で作るのがベストであると考えたからです。

オリジナルの人工竹の開発にあたり、私は真空成型機という機械を買い、タカショーの製造部門として徳島ガーデンクリエイトを設立しました。

実はこの機械選びに私なりの戦略が隠れています。自社で製造するなら、できるだけシンプルな手順で大量に商品を作り、製造コストを抑えるというのが製造業の王道といえる手法です。しかし真空成型機は、大量生産には向きません。一度にたくさんの商品を製造したいなら、インジェクション成型機や押出成型機を用いるべきなのです。

それにもかかわらず真空成型機を採用した理由は、インジェクション成型機や押出成型機よりも、繊細な表現ができるからでした。

人工竹の課題は、自然竹が備えている独特の色合いや質感、情緒性をどこまで再現できるかであると私は思っていました。量より質を求めるなら、真空成型機の生産効率の悪さはむしろ武器となります。いくら世にない商品でも、大量に流通させれば値段はどんどん下がります。また、簡単に作れてしまうものなら競合他社が必ずその市場に参入してきて、価格競争に陥ります。

竹の情緒性をそのまま写し取れる大型設備・技術を導入し、手間暇をかけて質の高い商品を少量生産することで付加価値をもたせるというのが私の戦略でした。このようなニッチな市場では大きな売上が望みづらいため、大企業はまず入ってきません。しかし中小零細企業にとっては、それでも十分な利益を出すことができます。

この戦略を取る際の基本となるのが、内製化です。最高の素材から一流の料理が生まれるのと一緒で、商品の品質を高めるなら原材料の吟味が欠かせません。外注していてはそこまで口を挟むことはなかなかできず、自社で作るからこそ原材料にこだわれます。また、顧客や販売店の声をすぐに商品に反映して自由に改良できるのも内製化しているからこそです。こうしてニッチな市場を自らの手で創出し、製造を内製化して高品質少量生産を実現するというのが、中小企業の商品開発においてまず目指すべきところです。

ただ、そうやって作った人工竹は単体ではなかなか売上が伸びませんでした。そこで私は人工竹を四ツ目垣というユニットとして最初から加工、製品ユニットにしてしまうことにしました。さらにはその横に柱をつけ、竹垣として売るようにしました。人工竹垣のアイデアは人のアドバイスからヒントを得たのですが、それ以前から私の頭には商品単体ではなく組み合わせて総合デザインとして売ってはどうかというアイデアがありました。これはファッション業界をヒントに思いついたものでした。

私は情報分析のなかで、よく先発の業界を参考にします。ファッション業界ではもともと実用的な衣料が主流でしたが、次第におしゃれを重視するファッション衣料へと移っていきました。それとともに、例えばネクタイ、スーツ、シャツをそれぞればら売りしていたところから、スーツスタイル全体をコーディネートしておしゃれに見せるような売り方が出てきて、成功を収めていました。それを見て私は、この先あらゆる分野で単品デザインではなく総合デザインで提案する時代がくるだろうと感じていたのです。

そのために、空間提案やパッケージ化、雰囲気やデザイン性、ブランディングなどを衣料業界から学びました。また世界に通じる食の業界でも五感で味わう美しさや香り、楽しさなどを体感しました。そして「住の業界」も、デザインのスタイルを起点に住み心地、健康、文化、楽しさ、なにより幸せを提案するべきだと思い至り、戦略を組み換えていったのです。そういったイノベーションの連続でした。

特許制度を活用して事業をしっかり守る

商品開発について考えるうえで外せない概念が、特許戦略です。私の場合、業界では最も多くの特許を保有し、競合他社の後追いをシャットアウトしてきたことが、現在の圧倒的な強みとなっています。

私は建設金物の専門商社の営業マンとして東京にいた頃から、特許の重要性を肌で感じていました。所属していた特需課では、顧客に合わせた仕様の図面を描き、それを外注に出してモノを作って納めるという一連の業務を行っていましたから、オリジナル製品の開発には特許がつきものであるとすぐに理解できました。ですから創業当初から、特許申請をし、最初は自然竹を使った竹垣の横に穴をあけて連続でつなげるようにするというアイデアを特許申請しました。

その際に頼ったのがSさんという弁理士です。なお、専門家への相談をするとき、私は常に一番手を探すことを心掛けてきました。Sさんは日本弁理士会の副会長を務め、上場企業のコンサルティングも担当するほど多くの分野や業界について知り尽くしている人でした。なぜ一番手がいいかというと、能力の高さはもちろん、一流同士のつながりを活かせるからです。例えばSさんは一流の法律事務所と付き合いがあり、信頼できる弁護士も紹介してくれました。以降、何か問題があれば最高峰の弁理士と弁護士が相談しながら解決するという体制が整い、安心して経営に打ち込めるようになりました。

そうした専門家たちのアドバイスから分かったのが、中小企業の経営者こそ、特許の取得に力を入れるべきであるということでした。仮に圧倒的な技術力の高さに裏打ちされた独自技術があり、それを真似できるものがいないなら、別に特許を取らずともいいと思います。逆にアイデア自体は独創的だけれど、ありふれた技術を用いて作られたような製品は、そのままなら確実に真似されて、市場はすぐに類似品で溢れることになります。したがって特許制度とは、技術開発に多大なコストをかけられないような力なき者、すなわち個人事業主や中小企業を守るためにあるようなものなのです。中小企業の経営者は、特許制度について基礎的な内容を押さえ、商品開発のたびに活用を検討していく必要があります。

特許制度は、自社が独自に開発した新たな商品や技術、アイデアに対し特許権を取得することで一定期間独占的に事業が行えるという制度です。特許権の登録を受ければ他業者などによる真似や盗作を法律的にけん制でき、また他社で利用する際にライセンス収入を得られるといったメリットがあります。一方でその内容は広く公開され、アイデア自体を次の製品開発の土台にされるなどのデメリットも考えられるため、あえて特許を取らずに秘匿しておくという戦略もあります。

しかし大企業ほどの技術開発力をもたない中小企業であれば、特許によるメリットのほうが大きいケースがほとんどであると私は感じます。日本の特許制度だと、発明を公表して特許権を取得したその日から20年にわたりその権利を専有できます。ただし、あらゆる発明に特許が下りるわけではありません。特許が乱立すれば、産業活動に混乱が生じる可能性があるからです。したがって特許法では、その対象となる発明が定義されており、一定条件を満たしたものにのみ特許が付与されます。

特許法29条によると、特許権の対象となるのは産業上利用することができる発明のうち、新規性と進歩性の2つの要件を満たすものとされています。新規性は、次のいずれにも該当しないことで成立します。

・特許出願前に日本国内又は外国において公然知られた発明
・特許出願前に日本国内又は外国において公然実施をされた発明
・特許出願前に日本国内又は外国において、頒布された刊行物に記載された発明又は電気通信回線を通じて公衆に利用可能となつた発明

（特許法第29条より抜粋。原文ママ）

進歩性については、「特許出願前にその発明の属する技術分野において通常の知識を有する者が、公知・公用の発明に基づいて容易に発明をすることができたものと評価されないこと」と示されています。

なお、出願においての重要なポイントは、先願主義が採用されており、最も早く特許出願を行ったもののみが特許を受けられることです。出願から特許権の発生まで、9～10カ月という時間がかかるのが通例です。製品を発明し、それが世に出てから特許出願を行うとすれば、その製品をすばやく解析したライバル企業が特許を申請し、それが先に認められてしまう可能性もあります。したがって特許は、製品の販売前にまず出願するというの

産業財産権の区分

特許権
自然法則を利用した、新規かつ高度で産業上利用可能な発明を保護
〈例〉 通信の高速化、携帯電話の通信方式に関する発明

実用新案権
物品の形状、構造、組合せに関する考案を保護
〈例〉 携帯性を向上させたベルトに取付け可能なスマートフォンカバーの形状に関する考案

意匠権
独創的で美感を有する物品の形状、模様、色彩等のデザインを保護
〈例〉 美しく握りやすい曲面が施されたスマートフォンのデザイン

商標権
商品・サービスを区別するために使用するマーク（文字、図形など）を保護
〈例〉 電話機メーカーが自社製品を他社製品と区別するために製品などに表示するマーク

特許庁のホームページより

が原則です。

このような知的所有権の競争では企業内に専門事業分野をいち早く立ち上げ、レベルの高い社外の専門コンサル業者と信頼関係を構築することがなにより大事だと思います。

そうして特許の出願を続けた結果、私のグループでは数多くの特許権を保有しており、それが大きな財産になっています。

ちなみに、特許権というのは産業財産権の一つで、同様の権利として実用新案権、意匠権、商標権があり、発明の内容によって取得すべき権利が変

わってきます。特許庁のホームページでは、産業財産権に対し127ページの図のような説明があります。

大まかにまとめると、世にない新たな発明を対象とする特許権に対し、実用新案権は従来の技術に新しいアイデアを取り入れて物品の実用性を高めたと評されるものに与えられます。意匠権は物品の新しい形状、模様などのデザインに与えられ、商標権は自社の商品などを区別し信用を保持するために使用するマークを登録して保護するものです。

社会の進む先を見据えて商品開発を行う

オリジナリティの高い商品を開発し、特許を取得して独占的に販売するというのが、中小企業が市場を創出するための方法の一つです。どのようにして自社ならではの商品を生み出すのか、その手法は企業の数だけ存在していると思いますが、最も確実なやり方の一つは最新技術を取り入れることです。いまだ業界に広まっていない最先端の技術を使って出来上がる商品は、必然的にオリジナリティの高いものになります。

そのため、マーケットアウトという考え方に基づき市場で必要なものを新たに組み合わせてイノベーションを進め、顧客ニーズをつくっていく手法はとても重要です。そしてそのためには、当然ながらスピードが要求されます。業界で誰もやっていないからこそ価値を生むわけで、技術が標準化されたあとではまったく意味がありません。誰よりも早く最新技術を自社の製品に取り入れ、ヒットへとつなげていくには、最先端の情報をつかむのはもちろん、社会的背景なども考慮し、どういった技術がこれから普及していくかを見抜く必要があります。

例えば、現代社会を語るうえでもはや欠かせないキーワードとなっているのが「第４次産業革命」です。これはＩｏＴ（モノのインターネット）やＡＩ、ビッグデータを用いた技術革新のことであり、すでに世の中の産業構造が大きく変わりつつあります。今後もインターネット上の情報の蓄積が、ChatGPTに代表されるような文字生成ＡＩや画像生成ＡＩへとつながり、さらに大きな変革が続いていくと考えられます。

近年はあらゆるモノがインターネットに接続され、たくさんのデバイスから集まったビッグデータが新たなマーケティングの道しるべとなり、ＡＩの進歩でさまざまなものが自動化されてきました。この革命は、いうまでもなく企業の経済活動にも大きな影響を及ぼしています。特に製造業の現場の変化は著しく、これまで人の手でなければできなかったような作業が機械でこなせるようになり、無人工場の数はどんどん増えています。また、家電から車まで、製造される多くの製品はすでにインターネットへの接続を前提として作られ、そのあり方を変えてきました。最も分かりやすいのが携帯電話で、ただ通話をするための存在から、インターネットとの融合により機能を一気に拡張し、スマートフォンという新たなデバイスまで進化しました。そして第4次産業革命は、最新技術を生み出す土壌ともなっています。メタバース、ブロックチェーン、NFTといったテクノロジーはその代表格といえるものです。

ちなみに第4次産業革命と似た言葉として「インダストリー4・0」というキーワードもありますが、これはドイツが発祥で、世界で初めてIoTの普及を国家プロジェクトとして宣言したものです。2011年にドイツ工学アカデミーによって発表されて以来、先進国を中心に第4次産業革命への注目度が上がりました。

おそらく感度の高い経営者は、2011年よりもっと以前から、第4次産業革命の到来を予想していたと思います。そして来るべき未来に備えた中長期経営計画を練っていたはずです。インターネット黎明期から、そこに第4次産業革命の可能性を見ていた人もいるかもしれません。そのように時代の潮流を読むと、これから成長するであろう分野や発展を遂げる技術もある程度想像がつくようになります。

例えば私は、2007年頃に流行した、インターネットの仮想空間上での生活を楽しむ「セカンドライフ」というゲームに着目して以来、ずっとメタバース関連の技術に注意を払ってきました。当時、世界ではすでにスマートフォンが流行し始め、インターネットがより身近な存在になりつつありました。そうした社会背景を踏まえて、近い将来、仮想空間で人々がコミュニケーションをとったり買い物をしたりする世界がやってくることを予見したのです。

当時はメタバースの構築技術や現実社会とのリンクという面でまだまだ課題があり、事業に導入できるレベルに至っていませんでしたが、近年の技術革新でようやくそれが整ってきたため、私は業界でいち早くメタバース技術を導入しました。そして、AR（拡張現実）技術を使って、デジタル化したガーデンエクステリア商品を自宅に試し置きできるカタログアプリを開発するなど、応用を進めてきました。

ARやVRのアプリにより、
ウェブ上で気軽に家づくりが想定できるようになった

←ARやVRコンテンツについて詳しくはこちら

例えばバーチャルホーム＆ガーデンというシステムは、バーチャル空間上で家づくりの想定ができるものです。従来、ＣＡＤを使って制作したプランが顧客の希望とズレてしまうことが多々あり、その解消と作業の簡略化により外構提案が簡単にできることを目指して開発したものです。

カーポートやテラス、門などのアイテムを配置していくだけで画面上に完成時の様子が映し出されます。アイテムの色やサイズ、配置などの修正や、各部屋の内覧も簡単に行えるためウェブ上で訴求力の高い提案をすることが可能です。また、４Ｋ動画サービスは顧客が提案する外構プランニングに合わせて作ったＣＡＤを動画化することで、モデルを作らなくても訴求できる効果があり、圧倒的なコストダウンにつながります。

VR展示場制作サービスは、展示物をVR空間に再現するものです。VR空間上で操作すれば室内を移動できるため、ユーザーは現地に赴くことなくウェブ上で詳細を知ることができます。動画VRをプラスすることで、さらなる訴求力がアップすることが見込まれます。

顧客が直接商品を調べたいというときは、Web ARが便利です。紙の総合カタログの場合は、カタログ上の二次元コードを読み取ることで、スマートフォンで商品の写真や情報を見ることができます。またWebカタログの場合なら、バーコードをタップするだけで商品情報が表示されます。ARの利用により、カタログだけでは表現できなかった商品のディテールや、実際に商品を設置した様子をバーチャルで見ることもできます。

もちろんこういったARを駆使したシステムだけでなく、仮想空間に展示した商品を現実にするための施工についても力強い味方が控えています。例えば庭づくりに関していうと、ガーデン・庭などの施工店を中心とした日本最大級の庭づくりのネットワーク「リフォームガーデンクラブ」があります。2006年に設立し、全国のエクステリア施工店約600社が加入するこの組織は、庭の暮らしをテーマに、地域生活とユーザーの暮らしの向上に貢献する活動を続けています。加盟店はHP制作などのIT知識がなくても、クラブのポータルサイトにて自社登録ができ、いつでも閲覧可能となります。

一般ユーザーは自身の家の地域にある加盟店をネット上で簡単に検索でき、また施工事例なども閲覧できるため、リアルなイメージをもって施工依頼ができるというメリットがあります。またクラブでは年に数回、庭に関わるデザインや知識についての研修会も行われており、加盟店を通じて最新の情報に触れることができます。

さらにエクステリア業界において初めてガーデンリフォームローンを導入したことで、一般ユーザーがより購入しやすいシステムになっています。これによって理想の庭づくりが無理なく実現できるようになっています。

リフォームガーデンクラブはそれぞれのユーザーのニーズに合わせた、快適で安らげるリビングガーデンの暮らしを提供していきます。私の会社では、このようにメタバースをリアルに変換する一連の流れがすでに確立されているのです。

［第4章］

〈戦略4：人材育成〉
人材はIQではなくEQ重視
人の心に潤いを与える
ガーデンライフスタイルだからこそ
「心の指数」が重要

創業時から重視してきた、人材戦略

地の利を得、天の時の予兆を見極め、独自で質の高い商品を開発したなら、最後の一歩を進めるために必要なのが「人の和」、すなわち人材戦略であり、私が経営で最も重視してきた部分でもあります。

ただし、最後の一歩といっても、即席で頭数をそろえればいいというものではありません。チャンスがきてからそれに合わせて人を探しても手遅れです。経営者が常に優れた人材の獲得や育成に力を注ぎ、人の和を育て続けていくことで、チャンスがきたときにそれを十二分に活かせる組織が出来上がり、事業の拡大につながっていきます。

私は、創業当初から人材を集めることに心を砕いてきました。会社は人次第でその成長が決まると考えていたからです。会社を始めようと考えたときにまず浮かんだのが、カシオ計算機を設立した樫尾四兄弟のことでした。自分に男兄弟がいたら、彼らと同じように共同で会社ができるのにとも考えましたが、残念ながらいません。そこで親戚を当たってみたのですが、事業に興味をもつ人は見つかりませんでした。親戚を経営のパートナーにするのは諦めざるを得ず、ではどうしようかと考えたときに、友人の岡室の顔をふっと思い出しました。彼なら最高だと思い、さっそく打診して会社に来てもらうことができました。

ただ、そこからあとが続きません。次の戦力を探すのにとても苦労しました。求人誌を使って人を募っても、なかなか成果は上がりませんでした。最初に来た若者はそれなりに能力があったのですが、すぐに辞めてしまいました。どうやら社会保険がないのがネックだったようで、親戚からそんな会社はだめだと言われたとのことでした。確かに創業時には会社は社会保険に入っておらず、その分を賄うために十分な収益も得られていませんでした。それで私はすぐに社会保険に加入しました。経営の基本として、人材を集めるために欠かせない要素だからです。

しかしその次に入ってくれた若者も、やはりすぐ辞めました。今度は給料が不満だったらしく、これでは結婚もできないと言われて、私はすぐに給料を上げました。そうしてできる限り改善を行っていったのですが、それでも人が定着しませんでした。なかには嘘をついて会社に出てこず、逃げるように辞める人までいました。

今考えると、できて間もない零細企業ですからこのようなことは起きて当然ですが、そのときは自分のどこが悪いのか分からず、悩みに悩みました。そして出した結論は、新卒を採るということでした。

初めて新卒の求人を出したときには、応募の葉書が3枚しか届きませんでした。ちなみにそのうちの1枚が、のちに取締役を務める公門浩であったのは思わぬ幸運だったとしかいいようがありません。そうやって少しずつ新卒社員を増やしていくなかで求められたのが、人を見る目でした。初めて社会に出る人々に対し、どんな仕事が向いているか、どうすればより能力を活かせるかを考えながら、その人を最大限に活かせるように配置する必要がありました。

しかしそうした業務のなかで、良い人材を探すこと以前に、少しでも今いる社員を育て、活かす経営をすることにより、地道ながらも一人ひとりの能力を高めて「やる気集団」に導いていくのが得策だと気づかされたのです。この考えを、私はよく「ウサギとカメ」の童話に例えて話しました。一見優秀そうに見えるウサギより、長い時間をかけて足元をしっかり見ながら一歩ずつ進むカメのほうが、最終的には勝者になり得ます。

その後、社員を育てることで企業としても成長していくことができましたが、事業が広がってくれば、それを支える人手がいります。いかに伸びしろのある人材を集めるかは、常に私の大きな課題でした。当時から、若い人材は都会へと出ていくという流れがありました。地元では就職先が限られ、いわば選択肢がほぼないわけですから、より好条件を求めて優秀な人材から流出するのは当たり前です。

そこで私は一計を案じ、都会からUターンを希望する学生をターゲットとし、その就職説明会に積極的に参加するようにしました。都会の大企業と居並んで学生を勧誘するのは圧倒的に不利であると分かってはいましたが、それでも夢やビジョンを語れば、心動かされる学生もいるのではないかと思ったのです。

しかしふたを開けてみると、合同説明会の会場に用意したブースは閑古鳥が鳴いていました。近くにある名の知れた企業のブースには行列ができているのに、うちには誰一人来ないのです。ようやく人が訪れたのは開場から30分以上経ってからで、その後も忘れた頃にぽつり、ぽつりと学生が来ました。なんだか自分自身が否定されたような気がして悲しかった記憶があります。しかし、その誰もいない採用ブースに話をしに来てくれた人もいました。その人こそ、現在の東京支店長を務める福永健志です。

そんな経験をしながら、それでも夢やビジョンを発信し続けてきた結果、徐々に人が集まるようになってきました。新卒採用においてはやはり知名度が重要視される傾向があり、それは一朝一夕では手に入らないものですから、組織が小さなうちはとにかく諦めず、粘り強く採用に取り組み続けていくしかありません。

採用ではＩＱよりもＥＱを見る

人材戦略において重要なのは、経営者のビジョンや会社のあるべき姿とリンクした手法を選択することです。明確な理念や方向性をもたず、ただ学歴やスキルだけで人を選んでも優れた組織はつくれません。自分の会社の将来を見据えたとき、どういう分野の人材が欲しいかを明確にしたうえで採用に臨むことです。成績が優秀で発想が豊かだったり、ChatGPTなどのＡＩツールを使いこなせたりする即戦力の人材は確かに魅力的です。しかしいくら優秀な人材であっても、同じ分野にばかり偏ってしまえば組織としての総合力は伸びません。私の場合は、創業の時点から人材戦略の方向性を定めていました。それができたのは、すでに会社が目指すべき方向が決まっていたからにほかなりません。

会社をどのように育てていくか考えたとき、画一的で自動化された「ハイテク」よりも、人の心や情緒性を大切にする「ハイタッチ」でいこうという基本路線を決めました。創業時からの考えに基づいて精神性や情緒性をまず自らが理解し、それによって顧客の心を動かすというハイタッチなやり方で販売するのがいいだろうと思ったのです。

そんな方向性でいくなら、一緒に働く仲間を選ぶ際にも、そして育てる際にもハイテクよりハイタッチを重視しなければなりません。採用に関していうと、日本はいまだに学歴社会で、いい大学を出ていればそれだけで企業から熱視線が注がれます。確かに学生時代の成績というのは指標の一つになるかもしれませんが、私はそうした学歴重視の採用は行ってきませんでした。

学歴やスキルに重きをおいた社員選びを、私は「IQ（知能指数）重視の採用」と呼んでいます。ハイテクな会社であればIQ重視の採用が主流でしょうが、ハイタッチを目指す私の会社が求めているのはもっと違った人材です。

確かに経営管理や分析、マーケティング、商品管理や経理といった部門には最低限、数字を扱うスキルの持ち主が必要ですが、そのほかの部門ではまず提案するスキル、創造力、そしてなにより人を読む力が大事です。その戦略で考えついたのがＥＱ、すなわち心の知能指数です。

ＥＱとはEmotional Intelligence Quotientの略で、アメリカの心理学者ピーター・サロベイ氏とジョン・メイヤー氏により研究された理論です。具体的には、他人の感情を理解する能力と、自らの感情とうまく付き合う能力とされており、ＥＱが高い人は相手の気持ちを敏感に察し、自分の心もうまくコントロールするため、無用な衝突を起こすことなく人間関係を育てていけるといわれます。ＩＱについては、コンピューターやロボットで今後、代用が利く領域ではないかと思います。しかしＥＱは、いくらＡＩが進歩しても身につくものではない、人間ならではの能力です。

あらゆる事業は、結局のところ人と人との結びつきからしか生まれません。そしてその結びつきの数により事業規模が決まり、いかに多くの人の心を動かしたかが、最終的な企業の利益という形で表れます。ですから私は、相手の心を察して人とのネットワークを育んでいけるような社員たちを何よりも必要とし、ＩＱよりもＥＱ重視の採用を行ってきたのです。

ちなみに私の会社の入社試験には、創業当時から筆記試験がありません。筆記試験から判断できるものは少な過ぎると考えているからです。文字情報として見るのは適性テストの結果や実務実績、履歴書に書かれた経歴だけで、あとは面接で判断します。きちんと話ができるかどうか、笑顔がつくれるか、質問にどんなタイミングで反応してくるかといったような点から独自の基準でEQを推し量り、合否を決めています。今までずっとこの手法でやってきて、会社は成長してきましたから、少なくともこの事業においては間違っていなかったと思っています。時代とともに多様な人材獲得に大きな変化が起きつつありますが、グループの企業風土に流れるEQの考え方を今後も大事にしていくつもりです。

私は創業当時から採用はできる限り自分で行ってきました。組織がそれなりの規模になってからも、会社の中核になるであろう人物の採用については自分で行うようにしてきました。

幹部候補を選ぶ際のポイントを挙げるなら、学生時代にクラブ活動に参加していたかどうかもその一つです。体育会系ではなくともいいのですが、クラブ活動をしっかりやった人は、組織のなんたるかや、礼儀作法、上下関係といった会社の人間関係のベースとなるものをすでに学んでいますし、リーダーシップも身についている場合が多いからです。

ノルマは設けず、マニュアルも作らない

新入社員は特にそうですが、採用でどれほどのポテンシャルを感じても、そこから会社の風土でしっかり育てていかねば、期待する成果は上げられません。人材育成をするうえでの前提として私がまず信じているのが、人の力は無限であるということです。どんな人でも、初めは無限の力をもって会社の門をくぐります。しかし、その力を有限に落としてしまうものが存在します。それこそが環境であり、組織風土です。

休む、怠ける、手を抜く、いい加減に済ませる、分かったふりをする、先延ばしにする、他人のせいにする、というような人が周囲に多くいれば、朱に交われば赤くなるということわざのとおりで、どうしてもその影響を受けてしまい、結果として無限の力が失われて成長できなくなるのです。このようなネガティブな風土をつくらないためには、社員の自主性を尊重し、自ら率先して動ける環境を用意するのが大切です。人は縛られるほど

休んだり怠けたりしたくなるもので、逆に自分から積極的に行動しているときには、手を抜いたり、責任転嫁するようなことはまず考えません。

そのための方策として、できるだけマニュアルを作らないようにしています。マニュアルどおりにしか動くことのできない環境は、人材育成においては最悪といえます。マニュアルをこなすこと自体が目的化すれば、創造性も育まれず、成長はないからです。

また、予算と目標はありますが、ノルマはありません。ノルマに関しては、設ければその達成がすべてになってしまいかねません。結果として顧客視点は失われ本来必要のないものまで相手に勧めたり、無理な残業で身体を壊してしまったりといったさまざまなリスクがあります。しかし、現在はデジタル化の時代であり、科学的営業を推進するためにＩＴは積極的に導入しています。数字の見える化、即時分析、予測、対応といった闘いのための武器には意欲的に資金を投入し、社内への浸透に全力を尽くしています。

こうして自主性を尊重したやり方をすると、やはり怠ける社員も出ます。それに対して私は、悪質でなければすぐに注意せずしばらく放っておくことにしています。しかしただ放置しているのではなく、まずは自分が仕事に熱中するその背中を見せるようにしています。そしてその熱が本人に移っていくのを待つわけです。

そこで奮起してくれるならいいのですが、それでも変わらない人もいます。しびれを切らして私が欠点を指摘しても、やはり響かないこともあります。そのような場合、すでに本人は会社に嫌気が差し、仕事に興味を失っている可能性が高いです。そんな人は、遅かれ早かれいずれは辞めていくものです。

そんなとき、私はできる限り早く会社から去ってもらいます。一般的に退職願は1カ月前までに出すことになっていますが、今月いっぱいで辞めたいという人に対し、できれば今日辞めてほしいと伝えたこともあります。

これは組織運営上、実は大切なことです。辞めるのが決まってからの1カ月間という最もモチベーションの低い時期を社内で過ごせば、組織全体にそのネガティブな空気が伝染しかねないからです。また、辞めていく自分を正当化すべく、会社に対し不満をもつ仲間をつくろうとする人もよくいます。はっきり言って悪影響ばかりですから、「去る者は追わず」ではなく「去る者の背中をすぐに押す」というのが正解だと思っています。

ただし、これはあらゆる人に当てはまるものではなく、あくまでも欠点を指摘しても響かず会社や仕事への興味関心を失っている人に対しての話です。例えばヘッドハンティングを受けたなら、たとえ今の会社に愛着があっても、条件が良かったり、新天地での仕事が面白そうだったりしたら迷うことはあると思います。そうした社員からの退職願については、その背中を押すようなことはせず、まず辞める理由をしっかりと聞くようにしています。もしその社員がいまだ悩んでいる様子なら相談にも乗りますし、会社に明らかに非があるようならすぐに改めます。そのうえで相手の思いや考えが理解できたら、もう何も言いません。むしろ前向きに、頑張ってやってこいと送り出します。

さらに私がその社員のことを買っているような場合には、一度退職しても再び戻れるような一筋の道だけは閉じないようにしておきます。

結局のところ職場や仕事というのは、働いてみなければその実態は分かりません。自分なりにじっくりと調べたうえで意を決して会社を辞め、勇んで新天地に行ったものの、思い描いていたイメージとの違いに戸惑う人も多いものです。そうなったときに、再び元の会社でやり直せる道が残っていれば、その人は必ず戻ってきます。有能な人材の流出が防げるうえ、自社の良さを改めて理解できたことから、以後はロイヤリティをもってモチベーション高く働くようになるはずです。実際に一度辞めて戻ってきた社員たちは皆、口をそろえて、外へ出てみて初めてこの会社の良さが分かった、自分がやるべきことが明確になったなどと言って、そこからはとても前向きに仕事に取り組んでくれています。

今の経営幹部のなかでは、多くの再入社組が活躍しています。志の高い人たちが大いに貢献してくれているおかげで、グループはいまだに成長することができているのです。

人がついてくる経営者になるための「社長の十か条」

人材について語るうえで外せない要素が、経営者自身のあり方です。トップに能力がなければ人は集まりませんし、人がついていきたくなるような人間力がないと、人材教育もうまくいかないものです。ですから経営者のあり方が、人材を集め動かすための最も重要な動力源となると私は考えています。経営者にはどんな要素が求められるかを私なりにまとめたのが、次の「社長の十か条」です。

社長の十か条

(1)先見性　社長は常に一年先の短期計画で会社の姿を明確に予測し3年先の姿をいつも頭に描き続け、5年先の将来像を中期計画として仕上げなければならない。10年先の長期未来像は、その先のものとして情報を集め、予測し、神のごとき心境で突き詰めて実現できる理想の世界を描いて行かねばならない。

(2)不況/業績低迷の対策はいつも　会社は生き物であり、時代は流々と変化し、常に次の手を考え、特に好況時に次の商品構成を考える(好況は、花が満開。必ず枯れるので次の苗を植える)。

(3)財務力　財務は会社の守りのかなめ。攻撃力を維持しつつ財務を強め会社の成長を考える。攻守のバランスをいつも考えるのが重要（その時々の規模に合わせ)。

(4)人材力　会社を伸ばすのには人を育てる。会社は人の成長のフレームを越えられない。特に幹部に人材を得ることは会社成長の絶対条件。

(5)情報力　自社の業界のみでなく、いろいろな分野(異業種/異色業/異能力/異質/異人脈/海外/業界誌など)、貪欲に広範な情報マンとして必要。

(6)公私を明確に分ける　公私混同では、社員さんの信望を得られず、又家庭や個人の事情を持ち込んでもだめ。社長は経営者。オーナーとの区分分けは、株主総会で。

(7)人を感じ、つかみ、活かす　社長は人の心を常につかむのに巧みでないといけない。対人心理に非常に敏感になる必要がある。人使いの腕次第で社員さんの仕事の挑戦意欲は、大変な差。

(8)決算書がすべて　業績は良くても悪くても8割は社長のせいと言われ、そのすべては決算書に現れる。赤字は罪悪。社長は常に良い決算書を事前に実現しながら経営を進める。

(9)現状への決別　業績は良くてもそれは結果で過去のもの。先の保証はない。常に現状への決別と新たな挑戦である。これを一時でも怠ると会社の衰退が始まる。

(10)開発力　社長は、人も製品も商品も、そして組織も市場も常に開発するものである事に一刻も気を抜けない。社長から開拓精神が失せた会社の将来は無い。その代わり、開拓精神に燃える社長の会社は、小さな会社でも必ず一流の道を歩んで行くと信じている。

1：先見性

事業を伸ばすには未来をある程度予測して戦略を練っていく必要があり、それこそが経営者の最も重要な仕事の一つです。したがって5年先、10年先に社会はどうなり、市場がどのように変化するかを読む先見性をもたねばいけません。現場を歩き、DX化でデータを取り、あらゆる角度から情報を集めて、自社の現状を加味しつつ将来像を描くのが大切です。

2：不況、業績低迷の対策

会社は生き物です。時代も刻々と変化しています。いくら業績が好調であってもそこで安心せず、むしろ好況時にこそ次の一手を仕込んでおくべきです。たとえ今、咲き誇っている花であってもいつか必ず枯れるときがきますから、その前に次の苗を植えておくということです。こんなに儲かっていて忙しいのに先のことなど考えられない、というのではトップとして失格です。いつ不況がきて業績が低迷するか分からないと考え、先手を打つのも経営能力の一つです。

3：財務力

新規開発や先行投資といった攻めの戦略がある一方、守りの戦略のかなめとなるのが財務です。財務三表から会社の現状を分析し、戦略へと落とし込んでより実現度の高い経営計画をつくるなど、財務力は経営者にとって必須の能力といえます。

4：人材力

会社を伸ばすためには人材育成が欠かせません。扱う商品やサービスがどれほどいいものでも、それを販売する社員たちの能力が不足していれば、その魅力は十分に伝わらないでしょうし、人為的なミスの発生からブランドを毀損するといったリスクも高まり、結果的に成長できません。事業を大きくするには、組織拡大だけではなくその中で働く一人ひとりの社員の能力も底上げするのが重要です。

5：情報力

情報収集の力は経営において最大の武器となるものです。現代ではＩＴの進歩によりビッグデータやリアルタイムデータが手に入るようになりましたから、そうした技術はフル活用せねばなりませんが、それに加えて大切なのが現場を歩くことです。現場に行って初めて見えてくる実情やニーズが必ずあるものです。自分の業界にとどまらず、異業種や海外の事情など広域にアンテナを張り、貪欲に情報収集を行う姿勢をもたねばいけません。

6：公私を明確に分ける

中小企業の経営者に多いのが公私混同です。組織がそれなりの規模になるまでは、経営者が私財を投じて経営を支えることもあり得ますが、だからといって会社を私物化していいというわけではありません。また、プライベートで問題があったからと終日不機嫌になるようなトップには誰もついていきたくないものです。公私をしっかりと分け、常に組織の長として毅然とした姿を見せ続ければ、社員たちから信頼されるようになります。

7：人を感じ、つかみ、活かす

人の心を巧みにつかめるような経営者は成功する可能性が高いです。心をつかむことができると、顧客のニーズを引き出し、社員のモチベーションを上げ、社外パートナーからの助力を得るといったことが可能となります。社員についてはただその心を掌握するだけではなく、最適な形で活かしてあげるのが大切です。調子が上向きであれば大きな仕事を任せてみたり、逆に悩み落ち込んでいたらしばらくはゆとりある業務を頼んだりと、相手の状態を感じ取ったうえで指示を出せるような経営者に、人はついてくるものです。

8：決算書がすべて

経営者のあらゆる業績は決算書に現れるといっても過言ではありません。世間も決算書で経営者の能力を判断します。決算書には会社がどのくらい儲かっているか、会社にどのくらい資産や借金があるか、会社がどのようにお金を手に入れ、どう使ったのかが記されています。経営者は常にこれらの数字を念頭に置き、経営計画や戦略を練らねばいけません。

9：現状への決別

いくら業績が良くとも、それは積み上げの結果に過ぎず、いわば過去のものです。先の保証などまったくありません。したがって経営者は現状がどうあろうと常にそれと決別する意識で新たな挑戦を続けていくのが大切です。挑戦を止めた瞬間から会社の衰退が始まると考えてほしいと思います。

10：開発力

現状の商品やサービスの売上がいかに好調でも、それは一時的なものに過ぎません。市場環境は目まぐるしく変わり、流行の終焉や競合の登場などの要因ですぐに売上は鈍化していきます。ですから経営者は開発力を磨き、どんなときでも途切れることなく商品開発や改良を行っていくべきです。

これら「社長の十か条」は、すぐに身につくものではありません。経営者の道を歩きながら試行錯誤し、時に失敗しながら、それでも足を前に進めて、次第に磨かれていきます。経営というのは簡単なものではありません。正解のない問いを突き付けられ、迷い悩むことは頻繁にあります。そこで必要なのはとにかく動くことです。行動により新たな道が示されることは経験からいって非常に多くあります。まったく確証がなくとも、まずは行ってみる、とにかくやってみる、そうした姿勢が壁を打破するきっかけとなるのです。

もし行き詰まりを感じたなら、新たなステージへと上がるタイミングがきたと考えるべきです。この先手探りで進むことになるのを恐れ、打って出られないなら経営者失格です。暗闇を歩ききった先にしか新たな光はないのです。もちろん時につまずくこともありますが、失敗のない経営などありません。偉大な経営者ほど数多くの失敗をしているもので、そのすべてを血肉に変えたからこそ世界に名だたる企業をつくれたのです。失敗自体を恐れる必要はなく、むしろ新たな成長のチャンスととらえるべきです。

ただし、常に会社のすべてを賭けて挑戦するようなやり方だと、リスクが大き過ぎます。失敗が致命傷とならぬように準備をしたうえで、挑戦するというのが大切です。

進むべき道を自ら開拓し、失敗を前進するための力に変えるのに重要なのが日々の勉強です。マネジメントやマーケティング理論、リーダーシップ論、財務会計など、体系化されている知識を押さえるとともに、その時々の最新技術や社会情勢についても学び続けるのが大切です。

特にリーダーシップについては、現代を生き抜くために重要な要素の一つとして挙げられることが多く、重要な課題だといえます。企業のリーダーに関していえば、不確実性が高い時代において目標を達成していくには、チームメンバーの心理的安全性を確保しなければなりません。そのためには部下に権限を与えて信頼関係を築くことで、組織内のオープンなコミュニケーションを促進することが大切であると考えています。

そのほかに、人から得られる学びというのも極めて重要です。自分一人で得られる知識や経験などはたかが知れています。自らの理解の外にあるような知識や経験をもつ、異業種、異国の人々とできるだけ多く会い、思考の枠をどんどん押し広げることで未来の可能性もまた広がり、人間としての器も大きくなります。

人との縁を積極的に活かし、会社の力に変える

こうしてさまざまな能力が備わってくると、それに惹かれて有用な人材が集まってくるようになります。ただし、ただ待っているだけではなく、いい人材がいれば自分から積極的にアプローチをかけるのが大切です。

私自身が偶然の縁から相手に働きかけて人材を確保していった経験としては、まだ創業間もない時期に地方の営業所を増やしていこうとしていたときのことが挙げられます。第一号の営業所が関東営業所です。私は常々関東に拠点が欲しいと思っていました。当時は新幹線や飛行機に乗るお金すら惜しく、車で和歌山から全国各地へ営業に出ていましたが、さすがにそれはしんどくて、営業所があればずいぶん楽になると考えていたのです。しかしどこにどう拠点をつくり、誰に任せればいいのかといった具体的なアイデアもなく、悶々としていました。

そんなある日、私のもとに1本の電話がかかってきました。かけてきたのは群馬県の高崎に住む増川さんという方で、私の会社の商品を扱いたいという要件です。

顔を合わせて話してみると、本人もその奥さまもしっかりとしたいい人でした。自宅を事務所代わりに使っており、交通の便もいい場所にありました。そこで私はひらめいて、増川さんに関東営業所を任せられないだろうかと考えたのです。

それで思い切ってお願いしたところ、その場では返事がもらえませんでしたが、その後何度もアプローチをしてなんとか引き受けてもらうことができました。当時、ある方から

「自分がこうしたい、と願えば必ず叶う」と教えていただいたことがあります。その言葉がまさに現実になってくれたのでした。

続いてつくったのは九州営業所でした。九州もやはり出張するのが大変な場所で、もう行くのはやめようかと思うほどでしたが、一方で売上が伸びてきており、どうしたものかと悩んでいました。

九州で開かれた展示会に出展していたときのことでした。その会場で働く一人の男性に、なぜか私の目が留まりました。前掛けをして、額に汗を浮かべつつ大きな石を運んでいました。展示会場でほかの出展者と話すのは自然なことで、私もそこまで意識せずに声を掛け、立ち話をしました。聞けば、福岡県八女市の特産品である八女石と、それで作った灯籠などを造園業者に売っているといいます。とはいえ昔からの家業というわけではなく、始めたのは最近だそうです。そこから身の上話を聞くと、もともとは大手製薬会社の営業マンで、九州地域でナンバーワンの売上だったといいます。

私は、謙虚で穏やかなその人柄と、くりくりと愛嬌のある目がとても気に入りました。そしてお会いしたその日の帰り際に、九州でうちの営業所をやってもらえないかと誘ったのです。翌日改めて会って話すと印象はさらに良くなり、これ以上の人材はいないように思えました。再び私が九州営業所の話をすると、快く引き受けてくれました。この人物、丸山野さんは、のちに取締役になっています。

なお九州営業所の物件については探してもなかなか見つかりませんでしたが、地元の人間である丸山野さんの信用もあって、飲食チェーン店の配送センターとして使われていた70坪ほどの広さのある建物を3万5000円という当時としては破格の料金で借りることができ、二番目の営業所となりました。

こうして人との縁をきっかけに営業所を広げていったのですが、実はその裏には、社員に単身赴任をさせたくないという思いがありました。家族を犠牲にして遠い地に住まわせるようなことはしたくありませんでした。だからすでにその場所に根付いている人に営業所を任せてきたのです。

このような社員たちとの出会い、そして彼らの成長が、今につながっています。

また、ともに働く社員たちだけでなく、私はこれまでに出会った多くの人たちとの縁のおかげで助けられ、成長させてもらいました。なかでも経営者として多くを学んだのが

ＨＩＳの創業者で現在は同社の最高顧問を務める澤田秀雄さんです。

２００８年に澤田さんが設立した「アジア経営者連合会」は、日本発でアジアや世界に通用する経営者を輩出することを目的とした会です。さまざまな業種の経営者ネットワークをつくり、新たなビジネスを創出しようとする画期的な試みでした。

私はこの会に参加したことがきっかけで澤田さんと親交を深め、世界各国で開催された研修会にも参加するようになりました。また澤田さんからも直接その経営手腕を学ぶことができ、それを自身の経営にも役立ててきました。さらに同会で出会ったニトリ会長である似鳥昭雄さんとも知己を得て、その経営手法を学び、経営に反映させてきました。

こうした縁で２０１０年からは理事として運営のお手伝いをし、その後、創設者である澤田さんから引き継ぎ、２代目として２０１６～２０２０年まで理事長の職を務めることとなりました。加盟している後輩経営者には、企業の上場ノウハウや自身の経営手法などを幾度となく伝え、学びとなる場を創出しています。澤田さんや似鳥さんから学んだことを、今度は次の世代に伝えていくことが私に託された使命であり、また澤田さんたちへの恩返しでもあると考えています。

［第5章］

〈戦略5：未来〉
産業構造を変革する
「庭」の文化価値を
新たな産業として昇華させる

日本庭園が今、世界から注目されるわけ

近年、「バイオフィリア」という概念が世界で注目を集めています。

これは「人間は、本能的に自然とのつながりを求める」という考え方で、自然と触れ合うことでストレスが軽減され、心身が癒やされるということも分かっています。

バイオフィリアをオフィスに取り入れ、生産性を上げようという試みをする企業も増えてきており、例えば世界最大のＥＣサイトを運営するAmazonの本社キャンパスには約４００種、４万点もの植物が配され、巨大な庭園を構成しています。

こうした流れは今後も加速するのは間違いないと私は見ています。なぜなら現代人は深刻なストレスにさらされており、その解消は世界的な課題といえるからです。

世界でも類を見ない超高齢社会に突入した日本では、医療介護費用が増え続け、国民一人あたりの負担がどんどん増えています。それを抑えるのに重要なのは、国民が少しでも長く健康で快適な生活を送ることであり、ストレスはその最大の敵であるといっていいでしょう。したがってバイオフィリアも、今後の社会を語るうえでの重要なキーワードとな

るものです。

ただ、実は日本人は古来、バイオフィリアの発想を身近に取り入れてきました。その集大成ともいえるのが、風、光、水、緑といった要素を大切にしてつくり上げられた日本庭園であり、それが今、世界から注目されています。

現在、タカショーは事業拠点をヨーロッパやアメリカ、アジア諸国などに構えてグローバルに展開しています。必然的に私も海外出張の機会が多くなり、特にガーデニング文化の本場であるヨーロッパにはよく出掛けていって最新情報を集めるようにしています。感じるのは、禅の思想が反映された日本庭園が先進国を中心に人気となっており、日本を代表する文化の一つとして扱われているということです。今ではむしろ日本人より外国人のほうが日本庭園に対する愛着が深いようにすら思えます。

海外の著名人には愛好者が多くいます。Appleの創業者であるスティーブ・ジョブズが来日の際の定宿にしていたのは、全室から美しい庭園が楽しめる京都の老舗旅館でした。Microsoftを興したビル・ゲイツや、Oracleの共同創業者ラリー・エリソンも日本庭園に心を奪われ、自宅や別荘で再現しています。最先端のテクノロジーを武器に現代のＩＴ社会をつくった立役者たちが、一方でそのビジネスの対極にあるともいえる日本庭園に惹かれていたというのは非常に興味深い話です。

億万長者たちの心をつかむ理由は何か、私なりに日本庭園の魅力を述べると、そこには日本独自の豊かな感性、そして哲学が詰まっているからです。侘び、寂びの情感はもちろん、苔むした石や鯉の泳ぐ水辺、曲線を多用しあえて左右非対称にしたその造形などには、あるがままの自然を表現しようという試みが見られます。また、禅の精神の影響を強く受け華美な演出が排除された枯山水に代表されるように、余分なものを極力そぎ落として見る者の想像力に訴えかけ、自然の豊かなイメージを引き出すのも大きな特徴で、日本庭園を抽象芸術と評する人も多くいます。

私はこれまでずっと、禅の思想に裏打ちされた日本庭園のすばらしさを世界へと広めようと努力してきました。その試みはいわば文化の産業化であり、それこそがグローバル化が進む世界において日本が取るべき重要な戦略の一つであると考えています。日本には、世界でも類を見ない文化がたくさんあり、それに魅力を感じる外国人も数多くいるのですから、それを活かさない手はないはずです。

庭についていうと、実は日本は江戸時代には世界一のガーデンアイランドでした。江戸は世界でも最高峰の庭園都市であり、外国人を驚愕させていました。

江戸時代、参勤交代制度によって幕府配下の諸侯はそれぞれ江戸に屋敷を構えていました。町の7割は大名屋敷で占められ、残りの3割に町民たちが住んでいました。その人口は約100万人で、当時は世界一の規模でした。大名屋敷は、故郷を離れてそこに住む諸侯やその親族を慰めるべく、いずれも広大な庭園を備えていました。新宿御苑、浜離宮、六義園《りくぎえん》といった有名な庭園は大名屋敷の庭の名残であり、こうした庭園が全体の7割に広がっているわけですから、世界最大の庭園都市とされるのもうなずけます。

また、江戸は先進的な環境リサイクル都市でもありました。都市部で出る糞尿を近隣の農家が有料で買い取り、それを肥料として作物を育てていたことから下水設備がなくとも糞尿を衛生的に、かつ有効に処理する仕組みをもっていました。

こうした庭園都市の誇らしい伝統は、残念ながら現代に引き継がれているとはいえません。文化が失われていく一つのきっかけとなったのは第二次世界大戦での敗戦です。終戦後、欧米の文化が流入し、建築も徐々に洋風になっていきました。大量生産大量消費の時代に入り、メーカーは生産性ばかりを重視し、自社の製品を一人でも多くの人に売るためにあらゆる手を使いました。

その結果、世界でも先進的だった日本の文化型庭ビジネスは異常なものに変わってしまいました。メーカーの「商売道具」となった庭はもので溢れ、狭い空間の中に、門扉、フェンス、バルコニー、物置までたくさんの人工物が詰め込まれるようになりました。縁側や石庭といった禅的世界やミニマリズム、四季の移ろいなどの日本らしい要素が失われ、自然と調和した美しさは影を潜めました。

その代償は大きなものでした。伝統的な庭を通じて得られていた自然とのつながりが希薄化してしまったことが、今や人々の健康を脅かしているのです。

ストレス社会だからこそ、庭が必要

ストレスが健康に悪影響を及ぼすことはすでに広く知られています。自律神経や内分泌系をかき乱し、さまざまな体調不良を引き起こす、まさに万病のもとです。ストレス状態に陥ると免疫機能が低下し、細菌やウイルスによる感染症にかかりやすくなるほか、がんを発症するリスクが高まったり、認知症が発症しやすくなったりすることも知られています。身体だけではなく、うつ病や依存症といった精神疾患の引き金ともなります。

そして現代の都市生活はストレス要因で溢れています。ＩＴ化によって確かに生活は便利になりましたが、いつ何時でも人とつながるのが当たり前となり、人間関係はより複雑化しています。スマートフォンをはじめとしたＩＴ機器から出るブルーライトは目に強い刺激を与え、不眠や眼精疲労を引き起こすリスクがあります。常に膨大な情報にさらされて、必死に取捨選択していかねば効率的に仕事ができません。都市はコンクリートに覆われ、ヒートアイランド現象が起き、例えば東京では近年、平常時の体温を上回る37度を超えるような異常な気温を記録しています。このような人工的な環境に、人類はいまだ適応できていないのだと思います。だからこそストレスを感じるのです。

私たちの身の周りが人工物で埋め尽くされるようになったのは、人類の歴史からすればつい最近のことです。世界の近代化が始まってから２００年ほど経ちますが、人類はその数百万年前から存在していました。何百万年もかけて培われたその生活スタイルは遺伝子に刻まれているもので、たかだか２００年で覆りはしません。山や森、川、海といった場所で暮らすことこそ本来の姿であり、人工物に囲まれての生活のほうが異常といえ、それがストレスの要因となっているのです。

近代に入り人類は急速に自然を排除し始め、工業化を推し進めてきました。自然や植物をまるで無視し背を向けて生きるようになりました。それによって発生した新たな病には、西洋医学という技術で対抗してきました。

ただ、西洋医学はあくまで対症療法に過ぎないものです。病気であると分かってから初めて薬を飲み、治療を行います。確かに西洋医学の進歩によって大勢の命が救われ、平均寿命は延び続けてきました。それはすばらしいことです。

しかしストレス社会となった現代では、西洋医学では解決が難しいような精神疾患がどんどん増えてきています。精神疾患により医療機関にかかる人の数は右肩上がりで、特にうつ病や認知症が顕著に増えてきています。うつ病を例にとると、1996年には国内で43万3000人だった患者数が、2017年には127万6000人と約3倍となっています。また、WHO（世界保健機関）が2017年に発表した報告書によると、2015年には世界で3億人、全人口のうち4・4％がうつ病患者であるといいます。そしてこの患者数は2005年から10年間で18%以上増加してきました。

こうした事態を改善することは、もはや西洋医学の力だけでは不可能であると私は感じます。より根本的に対処するには日頃のストレスの軽減が不可欠であり、病気になってから治すという従来の発想から、日々の生活で病気を予防し、健康を維持する予防医療の発想への転換が必要なのです。そして万病のもととなるストレスを軽減するのに有効なのは、緑を暮らしのなかに取り戻すこと、すなわちバイオフィリアであり、その最も身近な実践の場となる存在こそ、庭であるというのが私の考えです。

「ガーデンセラピー」という庭の効能

このバイオフィリアの概念を実現化するために発足したのが、「日本ガーデンセラピー協会」です。ガーデンセラピーの普及とその健全な発展を推進し、ガーデンと人との健康への有効性を多くの人に伝え、心身ともに豊かな暮らし、ライフスタイルの実現を目指しています。私は2016年の発足以来理事長を務めており、各界の第一人者でもある多くの理事たちの力を借りながら運営を続けています。

庭から健康をつくっていく――これこそ日本ガーデンセラピー協会が提唱する、ストレス社会のための健康療法です。自然の効用を見直し、庭という形で日常生活に取り入れることで心身が健やかに保たれ、ストレスが減ってさまざまな病気を予防できるのがガーデンセラピーの基本的な考え方です。

これは私だけの夢物語というわけではありません。庭を通じて自然に親しむことで得られる効能は、科学的に証明されつつあります。

これまでは庭やガーデニングと健康との関係を学術的に分析するような研究はなかなか行われてきませんでした。植物学や医学、生命科学などで個別に研究されることはあっても、それらを結びつけて体系化しようとする試みがほとんどなされなかったのです。

日本は世界第2位の森林率を誇る国であり、国土の68・2%が森林で覆われていますが、そうして緑が豊かだからこそ、特にそれを意識することなく、ありがたがりもせずにここまできているのかもしれません。しかし近年はようやく緑と健康との関連性が注目されるようになり、先進的な科学技術を用いた研究が行われるようになりました。

例えばストレスについては、以前からコルチゾールや唾液アミラーゼなどが指標として利用されてきました。副腎皮質から放出されるホルモンであるコルチゾールは、ストレスにさらされると急激に増えることからストレスホルモンともいわれます。唾液アミラーゼもストレス状態になると濃度が高まることが知られています。これらの指標に加え、血圧や心拍数の変化も測定することでストレスを定量的に把握できるようになりました。

この技術が、緑がもたらす効果の研究の分野でも活用されるようになり、今までにはないエビデンスがどんどん明らかになっています。

人が生きるためには酸素を身体に取り込むことが不可欠ですが、その酸素の一部はほかの分子と結びついて、高い酸化力をもつ活性酸素へと変化します。活性酸素は身体の老化の主な原因の一つとされ、活性酸素により細胞が酸化し、いわば錆びていくことで老化が進んでいきます。活性酸素が蓄積されれば単に老化が早まるだけではなく、糖尿病や高脂血症、動脈硬化、がんなどさまざまな疾患を引き起こします。活性酸素を増やす大きな要因としては、飲酒や喫煙、そしてストレスが挙げられます。

こうした活性酸素の働きを阻害し、身体の酸化を食い止める力が抗酸化力であり、ストレス社会を健康に生きるためにも重要なものといえます。そこで研究者たちは庭の抗酸化力を明らかにすべく、被験者に一定のストレスを与えたあとに二つのグループに分け、一方を室内にそのままとどまらせ、他方は庭に出して身体の抗酸化値がどのように変化するかを測定しました。

ストレスがかかると、身体はそれに反応して抗酸化値が高まることが分かっています。したがって両グループとも、ストレス負荷後は同じように抗酸化値が上昇しました。注目すべきはそのあとです。室内に残ったグループでは、ストレスから解放されるとすぐに抗酸化力が失われていったのに対し、庭に出たグループでは引き続き高い抗酸化値を記録しました。つまり庭との触れ合いを通じ身体の抗酸化力が高まったといえます。

このように人間は自然に触れることでストレスから回復し、また免疫力や抗酸化力も上がるといったポジティブなエビデンスがいくつも示されており、ガーデンセラピーの有効性を裏打ちしています。

日本は世界が憧れた、ガーデンアイランド

日本は、ガーデンセラピーを行うにはうってつけの国です。気候は温暖で、周りを海に

囲まれた独自の生態系をもち、なにより四季折々の豊かな恵みがあります。こんな国はどこにもありません。

その昔、日本がガーデンアイランドと呼ばれた理由の一つは、固有の草花や木々の美しさにあります。そしてそれらは海を渡って世界中に広まり、愛されています。世界各国の庭では、ギボウシやモミジ、アオキ、カキ、カエデ、ツバキなど日本育ちの植物が数えきれないほど植えられていますし、アメリカなどにある桜の名所で花見を行う外国人の数が増えてきています。今や世界中に普及した寄せ植えは、もとをただせば日本の生け花をルーツにもつともいわれます。

日本の植生や園芸文化に驚嘆し、研究した人物は数多くいますが、なかでもドイツ人医師のシーボルトは植物収集に熱中しました。江戸時代後期に初めて来日して以来、集めた植物や標本は1万点にも及ぶといいます。ツバキ、ウメ、イチョウ、モミジ、アジサイ、サザンカ、ユリといった日本らしい植物たちを自らが暮らすオランダのライデン市へと持ち帰った結果、同市のライデン大学に日本庭園ができたほどです。

緑豊かな国というのは、世界では当たり前に存在します。なのになぜこれほどまでに日本の植物ばかりが愛でられるのかというと、その多くが園芸に適していたからです。

ガーデニングの本場というイメージがあるヨーロッパですが、イングリッシュガーデンに使われる植物の種類はさほど多くありません。その理由は、氷河の進出などで園芸種として身近に楽しめる植物が減ったことにあるようです。そしてシーボルトが持ち帰った日本の園芸植物からヨーロッパの園芸が生まれたともいわれます。

広大なアメリカでも、アジアでも、日本ほど多彩に園芸植物が育つ場所はほぼ存在しません。その意味でも、まさに日本はガーデンアイランドなのです。

そんな日本の草花や木を日本人は慈しみ、四季の変化を楽しみながら暮らしてきました。四季をさらに二十四の季節に分けて命名する独自の感性に、その慣習が見て取れます。立春、啓蟄、春分、立夏、夏至、立秋、冬至、大寒といった名を挙げ、その時々の花や昆虫も交えて紹介する天気予報は、世界でも類を見ないものです。どの国でも天気予報はただの気象の科学的分析としか扱われておらず、そこに24ものストーリーを重ねて報じるのは日本だけなのです。

しかし現代の日本人は、自国のこうしたすばらしさを忘れかけているように思えてなりません。目の前に四季折々の美しい風景が広がっていても、それを見ようとせずにスマートフォンばかりいじり、コンクリートで囲まれた都市に閉じこもって自然との触れ合いを断っています。私からすれば、それではストレスが溜まって当たり前です。

古来よりそうしてきたように、美しく豊かな自然とともにあり、そのリズムのなかで生活していくというのが、日本人である私たちの心身のバランスを整えてくれます。そして、山深い土地や孤島で生活せずとも、植物を配した庭さえあれば現代でも自然を生活に取り入れることができ、ガーデンセラピーが行えるのです。

さらにいうなら大きな日本庭園でなくとも、ベランダに鉢植えをいくつか置くだけで自然の癒やし効果を得ることができます。草花の色や香り、そして四季折々で変わりゆくその表情が、心を解きほぐしてくれます。ガーデンセラピーは、自然との日常的な触れ合いを通じ視覚、聴覚、嗅覚、味覚、触覚のすべてを目覚めさせ、ストレスを解消して免疫力を高める究極の予防医療であると私は考えています。

ガーデンセラピーを形作る6つの要素

ガーデンセラピーとは、庭とのさまざまな関わりのなかで心身を整え、自己治癒力を高めながら健康な暮らしを実現する療法の総称です。より具体的に示すと、左図の6つの要素で構成されています。

ガーデンセラピーへの取り組みは日本でも少しずつ行われるようになってきていますが、海外ではすでに積極的に展開されています。その代表例が、ガーデンセラピーの聖地として知られるアメリカのシカゴ・ボタニックガーデンです。

シカゴの中心街から車で30分ほど走ったところに広大な市民公園があります。シカゴ・ボタニックガーデンは「美しい庭や自然環境は、基本的にすべての人の精神と肉体を健やかに保つために重要であり、庭づくりを愛し、楽しむことができたとき、人はより幸福に健康に暮らせる」という理念のもと、1972年に誕生しました。公共の施設であり入場は無料、運営費のほとんどが市民の寄付で賄われています。ここを会場として園芸療法のカンファレンスなども行われてきました。

ガーデンセラピーの6要素

〈芳香療法〉

いわゆるアロマセラピーです。草花や木が放つ香りを利用し、病気の予防や精神的なリラックス、健康増進を図ります。


〈森林療法〉

森の中を歩くことで健全な体の維持や、精神的疲労の回復などを目指します。ドイツでは早くから取り組まれ、健康保険も適用されています。


〈園芸療法〉

植物を育てる作業療法を中心に、さまざまな療法を併用して心身を癒やします。リハビリテーション施設や介護福祉施設で取り入れられています。


〈芸術療法〉

絵画や彫刻、音楽といった芸術活動を通じ心を癒やす方法であり、庭のデザインや美しさに感動することもこの範疇に入ります。


〈食事療法〉

広義には食事の成分や量を調整して病気の療養や健康管理を行う療法で、ガーデンセラピーでは庭で育てた野菜やハーブを料理に用いて、家族や友人とともに庭などで食事をすることで心身のリラックスを図ります。


〈住まい方療法〉

緑に囲まれた住まいづくりを行い、それをもとにライフスタイルを楽しみます。家族や近隣とのコミュニティで過ごすことで生活がさらに充実します。

ガーデン内には日本庭園、イングリッシュガーデン、ハーブガーデン、果樹と野菜の庭など、さまざまなテーマで庭が造られており、まさに庭のテーマパークといった風情があります。園芸教室や森林浴体験といったさまざまなイベントが年間を通じて開催され、まさにガーデンセラピーの聖地と呼ばれるのにふさわしい場所といえます。

このようなガーデンは残念ながら日本にはありませんが、ここまで広大な施設ではなくともガーデンセラピーの実践は可能です。実際に、自宅の庭から日々の健康をつくり上げていくためのさまざまな取り組みが行われています。

理想の庭づくりは、「庭屋一如」

家というのは、そこに住む家族が健康的に暮らすための場ですが、建物だけあればいいというわけではありません。自然の移ろいが感じられるような庭があり、「家」と「庭」がそろって初めて「家庭」として完成します。

日本の美しい四季を生活のなかで感じ、季節ごとの光や色、香り、音を意識して過ごせばストレスは軽減され、健康的な生活が送れます。家と庭を区分せずに一そろいで考えていくことで、住まいは家族の健康を育む場所となります。こうした考え方を「Living Garden®」と名付けました。

私が庭づくりで重視する要素は、風、光、水、緑の４つです。風が木々や草花を揺らし、刻々と変わる光に包まれ、生命の源である水を感じ、大地に根差した緑が心を癒やす、そんな庭こそ人間が安らげる空間であると考えています。

そうした思いを形にしたのが、「5th ROOM®（フィフスルーム）」です。リビングやダイニングのくつろぎをもっと自然の中に持ち出したいという思い、そして心地よい日差しや風をもっと家の中に引き込みたいという気持ち、その２つの願いを一度に叶える空間こそが、健康を育む場としての庭づくりの核となるものです。リビング、ダイニング、キッチン、ベッドルームという従来の間取りに、室内から庭へとシームレスにつながっていく新たな空間、すなわち「5番目の部屋」を設けることで、庭がもたらす心地よいひとときを日常的に感じられます。風、光、水、緑といった自然を室内に取り込み、住まいと庭が一体となった豊かな暮らしが生まれます。タカショーでは、リビングから続くガーデンテラスや、住まいからつながるリビングガーデンといったコンテンツを開発してきまし

室内から庭へとシームレスにつながる「5th ROOM®」

←「5th ROOM®」について詳しくはこちら

た。

この発想は、実は日本には昔から存在してきたものです。日本の建築には、建物と庭を一体のものとしてとらえ、外部と室内の境界線を意識せずに生活できるような空間をつくる「庭屋一如」という考え方があります。庭から光や風を建物の奥に導くため、自由に動かせる引き戸などを活用した家づくりをするというのは日本の伝統的な手法なのです。

ストレス社会となった現代こそ、庭のあり方を見直し、庭から家族の健康づくりを考えていく必要があります。

一人でも多くの人に、庭のある生活を届けたい

人類の生命活動は、自然のリズムと呼応しながら営まれるようにプログラムされています。人は自然と切り離された状態ではストレスが生じ、健康でいることはできません。

そして現代社会で、自然の存在を最も身近に感じさせてくれる存在こそ庭なのですが、残念ながら近年は庭離れといってもいい状態が進んでいるように思います。

昔の家には、都市部であっても小さな庭が必ずありました。門から直接回り込める庭も多く、縁側が近所とのコミュニケーションの場として機能していました。庭のない生活など想像できなかったはずです。

しかし、戦後、国土が灰燼に帰したことから420万戸の住宅が新たに必要となり、政府は住宅の量的確保に力を注ぎました。それは一定の成果を上げますが、都市部への人口集中などにより都会では住宅不足が続き、流通する土地は小さくなる一方でした。マンションなどあらかじめ庭のない住まいも広まっていきました。そこで培われた、庭をつくるスペースがあるならできるだけ家を大きくしたい、バルコニーを庭の代わりにする、建

物とカーポートがあれば十分、といったマインドセットが現在も尾を引き、庭のない生活に疑問を抱かない人々がたくさんいるというのが現状です。

果たして本当にそれでいいか、私は疑問をもっています。庭の最大の役割の一つは、日常生活に自然を取り込むことで健康な生活を送ることにあります。単に眺めて楽しむのではなく、健康な暮らしを実現するためにも庭は必要なのです。

そのほかに、庭は人と人をつなぐ力ももっています。その好例として挙げられるのがオープンガーデンです。自宅の庭を一般に開放し、訪れた人に楽しんでもらおうという試みであり、日本でも盛んになり始めています。自治体が音頭を取って進めているものもあり、よく知られているのが長野県小布施町の取り組みです。古くから町に伝わる縁側文化や「お庭ごめん（人の庭を勝手に通ってもよいという習わし）」を継承すべく、100軒を超える家々が庭を開放しています。オープンガーデンを通じて地域にはそれまで以上に緊密なコミュニティが出来上がったといいます。

他方では、ガーデニングの普及を目指してさまざまなイベントも行っています。なかでも話題となったのが「ガーデニングワールドカップ」です。これは長崎のハウステンボス

ガーデニングワールドカップで、乾杯の音頭を取る

を舞台に2010年に初めて実施された大会で、各国のトップガーデナーが世界最高の座を競います。もともとはHISグループCEOの澤田さんと協力し、ハウステンボスの再生を目的として開催されたものですが、結果としてガーデニング文化の価値を高めることにもつながっています。

こうした取り組みを通じて、ガーデニングのもたらす効果、そして庭の役割を見直し再評価していく必要があります。一人でも多くの人に庭のある生活を届け、健康で充実した人生を送ってもらうことが、今の私の目標の一つです。

おわりに

地方から世界へ――。

タカショーを創業したときから、私の胸にはそんな思いがありました。思い返せば、私が東京から海南市へと戻り、高岡正一商店で棕櫚縄の営業をしていたとき、得意先である竹屋の風景はどこも一緒でした。土間が仕事場の家内工業で、日光による竹の変質を防ぐため薄暗く、はだか電球と机が一つ、そして判を押したようにスイッチが付きっぱなしのブラウン管テレビが置いてありました。生産性の向上や最新技術の導入といったハウスメーカーの方向性とはまさに正反対で、昔から時間が止まっているかのように感じました。

しかし、それがこの土地の当たり前なのだと受け入れ、その仲間の輪に入って地元だけで小さく事業を展開していたなら、当然ながら現在の会社の地位はありません。全国、そしてゆくゆくは世界を相手に事業をしたいとの思いがあったからこそ、ここまで成長を続けてこられたのです。

会社としてだけでなく、私個人としても多彩な経験を積みました。大阪花博をはじめとした数々の国際的な展示会への出展、リフォームガーデンクラブやアジア経営者連合会、日本ガーデンセラピー協会、新しいガーデンを考える会などへの参画、ガーデニングワールドカップや仙台で開催された希望の芽といったイベントの企画運営……挙げればきりがないほど、さまざまな活動によってガーデニングの発展に努めるとともに、信頼のおける経営者仲間たちと刺激を与え合う関係性を築くことができました。また、学生の頃にアナウンサーを目指して修業したことで、地元のラジオ局でガーデニングをテーマにした番組を20年以上、放送回数2000回を超えた今も休みなく継続しています。

私は「継続は力なり」という言葉を常に念頭におき、挑戦を続けてきました。一社会人でも経営者であっても、素朴な挑戦を愚直に続けてきたことが、現在につながっているのだと思います。

私が経営について考える際、胸に刻んでいるのが、不易流行という言葉です。

これは「不易を知らざれば基立ち難く、流行を知らざれば風新たに成らず」というもので、江戸時代の俳人、松尾芭蕉が『奥の細道』へとつながる旅路のなかで体得した概念とされています。不易とは、どんな世の中になっても変わらないものであり、流行とは世の変化とともに変わっていくものを指します。

この言葉を経営に当てはめると、何があっても変わらぬ事業の本質、すなわち理念やビジョンはしっかりと保ちつつ、世の情勢に合わせて事業改革を行っていくというのが、成長の条件であると私は解釈しています。

事業改革の一つとして、同じ和歌山出身で私の尊敬する松下幸之助さんが創業したパナソニックや、日本を代表する総合電機企業であるソニーがグローバル事業展開で高い評価を受けているように、社会貢献活動にも力を入れながらグループ各企業がそれぞれ成長していく経営を目指しています。

私たちのグループ企業を牽引しているのは照明・サイン・イルミネーション事業を担うタカショーデジテックです。同社は地元和歌山の活性化に向け、2017年より和歌山のテーマパークとコラボレーションしたイルミネーションイベント「FeStA LuCe」を開催し、6年間で63万人もの来場を実現しています。イベントは和歌山だけでなく国内各地に広がり、海外でも全世界18カ所で100万人が参加するという成果をあげています。

２０２３年11月には、ＪＲ和歌山駅前から和歌山城まで約２㎞のメイン通りをライトアップするイベントも開催しています。このイベントのように、人や街をつなぐことで地域の活性化になる事業を今後も展開することによって、社会貢献を果たしていきたいと考えています。

タカショーにとっての不易とは、自然と家との間を取り持つ庭を通じて人々の健康な暮らしを創造し、支えていくことです。あらゆる企業活動や商品開発は、すべてこの理念を叶えるために存在しています。

それを踏まえたうえで流行について考えるなら、ストレス社会で求められているのは、庭で癒やされ、庭を楽しめる家であると思います。リビングに座れば目の前に鮮やかな緑が広がり、思わず庭へと足を向けてしまうような工夫のある家、室内とシームレスにつながったウッドデッキがあり、そこでリビングにいるようにくつろげる家、近所の人がふらりと立ち寄り、庭で気軽におしゃべりを楽しめるような縁側やポーチのある家、キッチンで食事の支度をしている最中、すぐに自家製のハーブが摘める家――そんな生活を実現するため「５ｔｈ ＲＯＯＭ®」など新たなガーデニングスタイルを提案しています。

もう少しマクロな視点からいうなら、世界では今、経済のグリーン化が大きな潮流となっています。これは地球環境に配慮して経済活動を行うことで、経済成長と環境保全の両立を図ろうという考え方です。温室効果ガスの排出量をゼロにする脱炭素化の流れなどはその典型といえます。今後、グローバルに事業を展開するためには、経済のグリーン化に対応する取り組みが欠かせないものとなります。

また、都市レベルでもグリーン化が進行しています。最も先鋭的な試みを行っている都市が、フランスのパリです。市の中心を流れるセーヌ川沿いの主要な道路で車の通行を禁止し、歩行者に優しいデザインへ改修、2024年からは街の中でディーゼル車が走ることも禁じ、2030年までにはガソリン車にも同様の措置がとられる予定となっています。リヨン駅などのランドマークの隣に4つの新たな「都市の森」をつくる計画もあり、2030年までには市の50％を植樹で覆うとしています。

これらはまさに、自然を日常生活に取り戻すための試みであり、日本にもいずれそうした潮流がやってくるはずです。ただ、日本には、江戸時代すでにガーデンアイランドとしてその名を馳せていたという歴史があります。そこから連綿と培われてきた知恵を活かせば、グリーン化はさほど難しい課題ではないと私は信じています。

グリーン化を目指す世界において、日本が誇る独自の庭園文化は今後もさらに注目を集めていくことになるはずです。私はこれからも、日本の庭のすばらしさを発信していきます。そして日本庭園が一つのグローバルスタンダードとなるまで、タカショーは挑戦を続けていきます。

最愛の妻、淳子

最後に、私がここまで挑戦を続けることができたのは、妻である淳子の存在なしに語ることはできません。妻は今も、私が出張する日はどんなに早朝でも出発前に起き出してきて、お茶を用意してくれます。自宅のある海南市から関西国際空港まで車で向かう30分ほどの道の途中、私はそのお茶を飲みながら、創業当時からの妻の優しさと支えがあったからこそここまでくることができたのだ、と常々思い返すのです。

妻に心からの感謝の意を表し、本書の結びとします。

高岡 伸夫（たかおか のぶお）

株式会社タカショー代表取締役社長。一般社団法人アジア経営者連合会副会長。一般社団法人日本ガーデンセラピー協会理事長。NPO法人ガーデンを考える会会長。一般社団法人日本DIY・ホームセンター協会理事。一般社団法人日本エクステリア工業会理事、ほか。
1953年3月、和歌山県生まれ。1980年にタカショーを設立、1989年より現職。従来とはまったく異なる、ライフスタイル全般を提案するガーデニング市場を切り拓き、今日のガーデニングブームをつくりあげた第一人者。日本のガーデニング産業を文化型産業へと転換することを提唱し、業界を牽引しながらタカショーを国内トップメーカーへと成長させた。圧倒的なビジネスセンスと常に時代をリードする姿勢は業界内外で定評がある。1998年9月にガーデンエクステリア業界初の株式上場を果たし、2018年7月には東京証券取引所市場第一部へ市場変更を行った（現在はスタンダード市場に上場）。海外にもイギリス、ドイツ、オーストラリア、アメリカをはじめ17カ所に拠点を広げ、ガーデンスタイルメーカーのリーディングカンパニーとしてグローバルに展開している。

本書についての
ご意見・ご感想はコチラ

業界トップをつかむ
普遍の戦略

二〇二三年十二月四日　第一刷発行

著　者　高岡伸夫
発行人　久保田貴幸
発行元　株式会社 幻冬舎メディアコンサルティング
〒一五一-〇〇五一　東京都渋谷区千駄ヶ谷四-九-七
電話　〇三-五四一一-六四四〇（編集）
発売元　株式会社 幻冬舎
〒一五一-〇〇五一　東京都渋谷区千駄ヶ谷四-九-七
電話　〇三-五四一一-六二二二（営業）

印刷・製本　中央精版印刷株式会社
装　丁　弓田和則

Printed in Japan　ISBN 978-4-344-94117-5 C0034
幻冬舎メディアコンサルティングHP　https://www.gentosha-mc.com/